W0350494

Latein
für Insider

Unzensierte Ausgabe:
Latein, wie es wirklich gesprochen wurde

Langenscheidt

Berlin · Madrid · München · Warschau · Wien · Zürich

Latein für Insider

Originaltext: Alexander Winkler
Lektorat: Rachele Zoli
Illustrationen: Tatiana Davidova
Cover: semper smile
Projektleitung: Eva Betz

Satz: Franzis print & media GmbH, München
Druck und Bindung: Stürtz GmbH, Würzburg

ISBN 978-3-468-73854-8

12020

INHALT

Vorspiel

Latein kam dir bisher in der Schule immer staubtrocken vor? Wenn du den Namen „Cäsar" auch nur hörst, fallen dir die Augen zu? Hast du dir in deinen Lateinstunden schon öfter etwas mehr Lebensnähe gewünscht?
Dann ist *Latein für Insider* genau das Richtige für dich. Hier findest du Wörter und Sätze, denen du im Lateinunterricht wahrscheinlich nicht begegnen wirst. Vergiss für einen Moment all die Konjugationen, Deklinationen und unregelmäßigen Verben und lass dich überraschen, wie modern und lebendig Latein sein kann. Ob Sex (*venus*), Computer (*computatoria*) oder E-Mails (*epistulae electronicae*) – hier findest du die Wörter und Ausdrücke, die du wirklich kennen möchtest.

Was du wissen solltest ...

Ein bisschen Latein solltest du schon können. Die meisten Ausdrücke kannst du für Boys und Girls benutzen. Du musst nur darauf achten, dass du die Formen auf -us (bzw. -i, -o, -um, -o usw.) für Jungs, die Formen auf -a (-ae, -ae, am, -a usw.) für Mädchen verwendest.
Wenn hinter einem Wort noch etwas in spitzen Klammern steht, dann ist das die Genitivform. Wir haben sie in schwierigen Fällen dazugeschrieben, damit du nicht lange herumrätseln musst, wie du das Nomen deklinierst. Doch jetzt Schluss mit der Grammatik!

Hier noch ein paar nützliche Infos:
Du findest ein ♂, wenn ein Wort oder ein Satz
– nur über oder zu einem Jungen gesagt werden kann,
– nur von einem Jungen gesagt werden kann,
oder ein ♀, wenn du ein Wort oder einen Satz
– nur über oder zu einem Mädchen sagen kannst.
– nur als Mädchen sagen kannst.

Wir haben keine lateinischen Muttersprachler mehr, wissen aber trotzdem relativ gut darüber Bescheid, wie Latein ausgesprochen wurde. Das Wichtigste in aller Kürze:

- *Ae, oe* und *ei* werden wie „a-i“, „o-i“ und „e-i“ gesprochen (also nicht „ä“, „ö“ und „ai“!).
- „C“ wird immer wie „k“ ausgesprochen.
- „Ti“ wird immer wie „ti“, nie wie „zi“ ausgesprochen.
- *Eu* musst du wie im Italienischen aussprechen. Sag also für *euge* nicht „oige“, sondern „e-uge“.

Außerdem musst du noch darauf achten, die Wörter auf der richtigen Silbe zu betonen. Lateinische Wörter werden (fast immer) entweder auf der vorletzten oder auf der drittletzten Silbe betont. Da die Regel hierfür etwas kompliziert ist, haben wir dir die Sache leichter gemacht, indem wir einen Punkt unter diejenige Silbe gesetzt haben, die betont werden muss. Steht unter einem Wort kein Punkt, dann betonst du es einfach auf der vorletzten Silbe.
Beispiel: „valete“ [valete] musst du auf der vorletzten Silbe betonen, „vạleas“ [valeas] hingegen auf der drittletzten.

Natürlich hatten die Römer weder Telefon noch Computer. Aber für all diese Dinge gibt es neulateinische Wörter, die sich im Lauf der Zeit entwickelt haben. In diesem Buch findest du eine Mischung aus klassischem Latein und Neulatein. Du wirst staunen, wie viel du mit dieser scheinbar „toten“ Sprache sagen kannst!

Achte auf ...

Die schärfsten Sprüche sind mit einem Ausrufezeichen oder einer Bombe gekennzeichnet. Du kannst also ganz leicht abschätzen, wie „schlimm“ ein Wort wirklich ist.

! Vorsicht, hammerharter Spruch!

💣 Nur mit absoluter Vorsicht anwenden! Endbeleidigend und total daneben.

Außerdem wirst du auf diese Zeichen stoßen:

Unzensiert	Echt vulgärer oder anstößiger Slang
Facts	Coole Facts – kaum zu glauben, aber wahr
Für Insider	Insidertipps

Zu guter Letzt

Wenn du einen guten Draht zum Alten Rom hast und auf ein cooles Wort oder einen witzigen Satz stößt, das oder den wir hier vergessen haben, dann schreib uns eine Mail an **insider@langenscheidt.de**

Dieses Buch trägt nicht umsonst den Aufdruck „Unzensierte Ausgabe"! Die Wörter und Sprüche sind für den Gebrauch vor Eltern, Lehrern, Verwandten und potenziellen Schwiegereltern absolut ungeeignet. Was hier drin steht, ist derb abgefahren. Wenn du so sprechen willst … dann tu's. Aber: Für alle Zwischenfälle, die aus dem Gebrauch der Ausdrücke aus *Latein für Insider* resultieren, übernimmt der Verlag keine Haftung.

DIE BASICS

Grüße, Sprüche und ein bisschen Smalltalk

Wie du ...

- Hallo ... und Tschüs sagst
- fragst, wie es geht
- das Wichtigste aus anderen herausquetschst
- über das Wetter sprichst, wenn dir sonst nichts einfällt

Servus ...

... solltest du nicht sagen, wenn du einen Römer begrüßt, das heißt nämlich „Sklave"!

Salve!/Salvete!
Hallo!
„Salvete!" benutzt du, wenn du mehrere Leute ansprichst.

Salvus sis, Marce!/Salva sis, Francisca!
Hallo Marcus!/Hallo Franziska!

Wirst du auf Latein begrüßt, kannst du antworten:

Salve et tu!
Hallo!

Für Insider

Eine Römerin oder einen Römer zu begrüßen, ohne dabei ins Fettnäpfchen zu treten, wäre für uns gar nicht mal so schwer: Auch Cäsar und Co. schüttelten sich, wenn sie sich gut kannten, wie wir heute die Hand. Ab und an umarmte man sich. Das Küsschen-links-Küsschen-rechts-Zeremoniell kam erst in der Kaiserzeit so richtig auf.
Aber Vorsicht! Willst du keinen schlechten Eindruck machen, dann halte deinen Kopf bei der Begrüßung gerade. Nicken war eine Grußgeste der Sklaven.

Wie geht's? Was treibst du?

Smalltalk auf Römisch ... am besten beginnst du ihn so:

– **Ut vales?/Valesne?** Wie geht's?
– **Pancrạtice atque athlẹtice vạleo.**
Mir geht's blendend. Ich könnte Bäume ausreißen.
Wörtl.: Ich bin fit wie ein Ringkämpfer und Athlet.
– **Ọptime vạleo.** Mir geht's bestens.

– **Bene/Recte valeo.** Mir geht's gut.
– **Valeo.** Ganz gut.
– **Non male.** Nicht schlecht.
– **Male valeo./Male est mihi.** Mir geht's schlecht.
– **Pol ego haud perbene.** Oje, mir geht's elendig.

– **Quid agis?** Was treibst du?
Du brauchst diese Frage nicht allzu wörtlich zu nehmen … sie soll nur zum Plaudern einladen.

So z. B. kannst du antworten …
– **Ad sodalem quendam eo comissatum. Vin' tu quoque?**
Ich gehe zu einem Kumpel einen draufmachen. Kommst du mit?
– **Te praestolabar. Gaudeo quod nunc demum te conveniam.**
Ich habe auf dich gewartet. Schön, dass ich dich jetzt endlich treffe.
– **Te convenisse volup est. Quin adeamus popinam?**
Schön dich zu treffen. Wollen wir in ne Kneipe gehen?

Wo wohnst du?

Falls du mal auf nen Kaffee vorbeischauen willst …

Ubi habitas?
Wo wohnst du?

In gurgustiolo quodam haud ita procul a sinu urbis.
In einem heruntergekommenen Loch nahe der Innenstadt.

Habito hic in proximo.
Ich wohne hier ganz in der Nähe.

Ruri hạbito.
Ich wohne auf dem Land.

In superiore cenạculo/sub tẹgulis hạbito.
Ich wohne direkt unterm Dach.
Für die damalige Zeit wohl die schlechteste Lage: Unterm Dach war es besonders heiß, und wenn ein Feuer ausbrach, konnte man nur schlecht fliehen.

Hicine tu hạbitas?
Hier wohnst du?

Multo commọdius est sub tecto pạupere vitam trạhere quam dormire sub divo.
Es ist viel bequemer, in ner Absteige dahinzugammeln, als unter der Brücke zu schlafen.

Verabschiedung

Wenn du weg musst, kannst du dich so verabschieden …

Vale!/Bene vale!/Vale et salve!
Tschüs!

Mihi necesse est abire.
Ich muss jetzt los.

In crạstinum!/In prọximum!
Bis morgen!/Bis bald!

Quando te videbo?
Wann sehen wir uns wieder?

Propẹdiem/Brevi te videbo.
Bis bald.
Wörtl.: Ich werde dich bald sehen.

Numquid vis?
Kann ich noch was für dich tun?
Wörtl.: Willst du noch was?

Auf diese Frage erwartete man in Rom nicht wirklich eine Antwort. Du kannst hierauf z. B. sagen:

Ut ṿaleas./Ṿaleas.
Dass es dir gut geht.

... oder nicht ganz so höflich:

Ạbeas.
Geh jetzt.

Bitte, bitte, danke, danke

Ein bisschen Höflichkeit schadet nie ...

– **Cedo librum, quaeso/sodes!** Gib mir bitte das Buch.
– **Ạccipe.** Bitte, da hast du's.

– **Dic, amabo, cur ạlapam ei duxisti?**
Wieso hast du ihm/ihr eine geklebt?
– **Hoc mihi ignosce, quaeso.**
Dafür möchte ich mich bitte entschuldigen.

– **Pergratum mihi fẹceris, si tacụeris.**
Du würdest mir einen großen Gefallen tun, wenn du still sein könntest.
– **Tạceo iam.** Ich sag ja schon nichts mehr.
– **Benigne facis. Grạtias tibi ago.** Nett, danke.

– **Quaeso mihi ... paulum cọmmoda.**
Leih mir mal bitte kurz ...

bịrotam	dein Rad.
igniạrium	dein Feuerzeug.
telephọnulum	dein Handy.

– **Mạxime.** Gerne.
– **Bene et amice facis.** Herzlichen Dank.

Leute wirklich kennenlernen

Name? Woher? Wie alt? Fragen über Fragen ...

– **Quis vocaris?/Quod est tibi nomen?** Wie heißt du?
– **Corinna/Ioannes vocor./Mihi nomen est Corinnae/Ioanni.** Ich heiße Corinna/Johannes.
Nur für Spezialisten: Wenn du die zweite Wendung benutzt, solltest du deinen Namen in den Dativ setzen.

– **Quot annos natus/nata es?** Wie alt bist du?
– **Trẹdecim/Quattuọrdecim/Quịndecim/Sẹdecim annos natus/nata sum.** Ich bin dreizehn/vierzehn/fünfzehn/sechzehn Jahre alt.
– **Nihil ad te.** Das geht dich nichts an.
Nicht nett, dafür aber deutlich!
– **Aetate eạdem sum qua tu.** Ich bin genauso alt wie du.

– **Quid tibi ego aetatis ṿideor?**
Auf wie alt schätzt du mich?
– **Acheruṇticus, senex vetus, decrẹpitus./Acheruṇtica, anus vetus, decrẹpita.**
Ich würde sagen, du bist ein Grufti/ein alter Dattergreis./Ich würde sagen, du bist eine alte Schachtel.

– **Cuịas es?/Unde venis?** Wo kommst du her?
– **Berolino/Francofurto/Monạchio/e Saxọnia vẹnio.** Ich komme aus Berlin/Frankfurt/München/Sachsen.
– **Germanus/Germana sum.**
Ich bin Deutscher/Deutsche.

– **Novịstine Nicolaum?** Kennst du Niklas?
– **Quidni nọverim? Iam inde a primis unguịculis eo familiạriter utor.** Natürlich kenne ich ihn. Wir sind alte Sandkastenfreunde.
– **Utrum albus aterne sit ignoro.**
Nein, ich kenne ihn gar nicht.
Wörtl.: Ich weiß nicht, ob er weiß oder schwarz ist.

Strandwetter oder britische Verhältnisse?

Egal, die Wetter-Nummer zieht immer!

Pluet credo hercle họdie.
Mensch, ich glaub, heute gibt's Regen.

Imbres cạdent mạximi.
Es wird übelst regnen.

Urceatim pluit.
Es regnet wie aus Kübeln.

Eheu, solis intempẹriem vix pạtior.
Diese Dreckshitze halte ich nicht aus.

Eụge. Sudum est, splendet sol.
Hurra, es ist schön und die Sonne scheint.

Utrum nụbilus sit dies an serenus, nil moror.
Mir egal, ob es wolkig ist oder schön.

Vom VERLIEBEN zum ENTLIEBEN

2

Du willst jemanden cool anmachen oder kalt abblitzen lassen? Hier findest du Sprüche, mit denen es garantiert klappt.

- Wie du jemanden ansprichst
- Übelste Abfuhren
- Wie du anderen von deinem Glück berichten kannst
- Was du sagen kannst, wenn es mit der Liebe doch nicht klappt

Coole Anmachen …

Du beobachtest ihn oder sie schon eine ganze Weile und findest ihn oder sie unheimlich süß … Lass dir den Flirt deines Lebens nicht entgehen und versuch's mit den folgenden Sprüchen:

Vin' cọffeam bibamus?
Hättest du vielleicht Lust, mit mir Kaffeetrinken zu gehen?
Im Alten Rom hätte das nicht funktioniert: Kaffee war noch nicht bekannt.

Sunt calores. Nonne tibi videtur? Quin foras eximus et aliquantisper confabulamur?
Es ist heiß hier, meinst du nicht auch? Wieso gehen wir nicht kurz raus und quatschen ein wenig?

Cave frịgora. Vin' tibi calfạciam sinu manum?
Pass auf, dass du dich nicht erkältest. Soll ich dir deine Hand wärmen?
Wohl die plumpste Form eines Annäherungsversuchs!

Estne tibi quo mihi accendas?
Hast du Feuer?

Quid si saltemus?
Wollen wir tanzen?

„
– **Quis te vocavit ad cenam?** Wer hat dich denn heute Abend zum Essen eingeladen?
– **Nemo, quod sciam.** Niemand, soviel ich weiß.
– **Nunc autem scito te esse vocatam/vocatum.** Spätestens jetzt hat dich aber jemand eingeladen.
“

Abfuhren

So lässt du ihn oder sie abblitzen:

Opus est ạbeam. Amicus/Amica me exspectat.
Ich muss jetzt gehen. Mein Freund/Meine Freundin wartet auf mich.
Einigermaßen höflich und doch eindeutig.

Nihil opus est te circụmagi.
Du brauchst mir gar nicht so nachzulaufen.

Plus profịceres, si hircum mulgeres.
Keine Chance, ehrlich.
Wörtl.: Du würdest mehr erreichen, wenn du einen Bock melken würdest. Nicht besonders einfühlsam!

Ọperam et ọleum perdis ...
Du verschwendest deine Zeit ...
Wörtl.: Du verschwendest Mühe und das Öl der Öllämpchen. Könnte man es deutlicher sagen?

Quin abis?
Wieso verschwindest du nicht?
Brutal, aber sehr wirksam!

Hat's nicht geklappt?

Fastidit a me amari./Me non curat.
Er/Sie will nichts von mir.

Hahahae! Nil attraxit funis tuus!
Hahaha! Das war wohl nichts!/Abgeblitzt!
Wörtl.: Deine Leine hat nichts an Land gezogen. Wer den Schaden hat ...

Bis über beide Ohren verliebt?

So sagst du's!

In convịvio, quọmodo di volunt, amare coepi Marci amicam.
Wie es so läuft im Leben, habe ich mich auf der Party in die Freundin von Markus verliebt.

Pẹream, nisi eum/eam amem.
Ich liebe ihn/sie, ich schwör's.

Für Insider

Nebenbei bemerkt: *Pẹream nisi* heißt eigentlich „Sterben will ich, wenn nicht". Willst du deiner Aussage echt römisch Gewicht verleihen, reicht „schwören" alleine nicht aus. Da musst du schon dein Leben aufs Spiel setzen und sagen: *Mọriar, si cum eo sum osculata.* (*Sterben will ich, wenn ich mit ihm herumgeknutscht habe,* d.h. *Ich habe nicht mit ihm herumgeknutscht, ich schwör's.*) oder *Di me perdant, si umquam tabacum hausi.* (*Die Götter mögen mich ins Verderben stürzen, wenn ich je geraucht habe*). Bei solchen Beteuerungen muss man dir einfach glauben ...

Plus ọculis meis eum/eam amo.
Ich liebe ihn/sie über alles.
... mehr als meine Augen.

In ọculis fero eum/eam.
Ich mag ihn/sie wahnsinnig gern.

Tamquam ọculos eum/eam amo.
Ich liebe ihn/sie wie meinen Augapfel.

Depẹreo eum/eam.
Ich bin unsterblich in ihn/sie verliebt.
Das heißt, du kannst ohne ihn/sie nicht leben.

Efflictim eum amo et is item contra.
Ich habe ihn voll lieb und er mich auch.
Wohl der Idealfall!

Unam eam amo et cum ea aetatem volo exịgere.
Ich liebe nur sie und möchte mit ihr bis ans Ende meiner Tage zusammenbleiben.

Pulchre/Bene est mihi cum meo amico/mea amica.
Zwischen mir und meinem Freund/meiner Freundin läuft's blendend.

Scio mihi numquam, dum vivat, infidelem fore.
Ich weiß, dass er/sie mir auf immer treu sein wird.

Geht euch jemand mit seinem Gesülze schon auf die Nerven? Dann denkt daran:

Amantes amentes.
Verliebt, verdreht.

Amare et sạpere vix deo concẹditur.
Nicht mal ein Gott kann lieben und vernünftig sein zugleich.

Bist du verliebt und führst du dich gerade etwas peinlich auf? Dann kannst du mit folgendem klugen Spruch kontern und den anderen Unerfahrenheit in der Liebe vorwerfen!

Aegre ịnspicit amantis ingẹnium, nisi qui ipse amavit.
Was in einem Verliebten/einer Verliebten vorgeht, versteht nur jemand, der selber schon mal verliebt war.

Entliebt?

War's wieder mal nicht die ewige Liebe?

Tune me relinquis?
Verlässt du mich?

Tuas res tibi habeto.
Es ist aus zwischen uns.

Etiamnunc medullitus te amo. Visne amicitiam retinere?
Ich hab dich noch immer furchtbar gern. Bleiben wir Freunde?
Die alte „Wollen-wir-Freunde-bleiben"-Nummer ...

Semper mihi eris intimus atque familiarissimus/intima atque familiarissima.
Du wirst immer mein allerbester Freund/meine allerbeste Freundin sein.

– **Ecquid me amas?** Hast du mich lieb?
– **Nihil, neque meres.** Kein bisschen, du hast es auch nicht verdient.

– **Visne te amplectar?** Soll ich dich umarmen?
– **Mitte me, odiosus/odiosa es!** Lass mich, du nervst!

Deinen Freunden kannst du dann berichten:

Gaudeo eam abiisse. Nil mihi cum vitta.
Ich bin froh, dass sie weg ist. Ich kann diese spröden Weiber sowieso nicht ab.
Die „vitta" war eine Haarbinde und vor allem ein Symbol für Sittenstrenge.

Iussi eum/eam res suas sibi habere.
Es ist aus zwischen uns beiden. Wir haben uns getrennt.
... sagst du deinen Freundinnen und Freunden.

Reliquit deseruitque me.
Er/Sie hat mich einfach sitzen lassen.

Verbẹribus sputisque extra iạnuam eiectus sum.
Sie hat mich mit Schimpf und Schande vor die Tür geworfen.
Wörtl.: mit Schlagen und Spucken. In deiner Situation wird man dir eine kleine Übertreibung wohl schon verzeihen.

O me mịserum/mịseram! Quae manet mihi vita?
Ich Ärmster/Ärmste! Was soll jetzt bloß aus mir werden?

War er/sie untreu? Das kannst du so sagen:

Sensi et iam dudum scio.
Ich hab's schon lange gewusst ...

Mạria montesque pollịcitus est. Nunc autem mịseram me solam destịtuit, ut cum ạlia cubaret.
Er hat mir das Blaue vom Himmel versprochen. Jetzt hat er mich sitzen lassen und macht mit ner anderen rum.

Vivat et vạleat cum suis moechis.
Er/Sie kann mir gestohlen bleiben mit seinen/ihren ganzen Affären.

Divọrtium feci cum uxore. Adulterata est ab amico meo.
Ich habe mich von meiner Frau getrennt. Sie ist mit einem Freund von mir fremdgegangen.

Dein Kumpel braucht ne Schulter zum Ausweinen? Gib sie ihm und zeig Verständnis:

Parum opportune ạccidit quod desultorem amoris amare coepisti.
Es ist etwas blöd gelaufen, dass du dich in den Typ Mann/Frau verliebt hast, der es nie lange bei einem/einer aushält.

Cave secteris.
Lauf ihr/ihm jetzt ja nicht nach.
Es heißt jetzt stark sein!

So kannst du auf tröstende Worte reagieren:

Multo mihi nunc est vịlior et lẹvior.
Er/Sie bedeutet mir jetzt schon viel weniger.
Und der Schmerz lässt dann hoffentlich auch bald nach!

Benigne consolare atque amice.
Ist echt nett von dir, dass du versuchst, mich zu trösten.

Neunmalkluge Trostsprüche:

Amor et melle et felle est fecundịssimus.
Die Liebe hat viel Süßes und viel Bitteres.
Wörtl.: viel Honig und viel Galle

Lịtore quot conchae, tot sunt in amore dolores.
Schmerzen in der Liebe sind so zahlreich wie Muscheln am Strand.

Quod iuvat, exịguum, plus est, quod laedat amantes.
Ganz wenig nur erfreut in der Liebe, viel aber tut weh.

LIEBE und SEX

3

In der römischen Antike ging es alles andere als verklemmt zu. Hier findest du alles, was du brauchst, um auf Latein

- über Sex zu sprechen
- zu sagen, was in deiner Beziehung abgeht
- über Verhütung zu quatschen

Ist es Liebe?

Sag, was zwischen euch wirklich läuft

Nichts Ernstes ...

Lụsimus. Nil ạmplius.
Wir haben nur ein bisschen geflirtet. Sonst nichts.

Inter nos amplexabamur et osculabamur.
Wir haben nur ein bisschen geknutscht und gefummelt.

Non eum/eam curo nisi propter res venẹrias.
Ich habe eigentlich nur eine körperliche Beziehung zu ihm/ihr.

Darf's etwas mehr sein?

Hạbui rem cum eo/ea.
Ich hatte was mit ihm/ihr.

Concubụimus.
Wir haben miteinander geschlafen.

– **Concubuịstine cum eo/ea?**
Hast du mit ihm/ihr geschlafen?
– **Nondum.** Noch nicht.
– **Quid ọbstitit?** Wieso nicht?
Wörtl.: Was stand im Wege?
– **Quid tua refert?** Was geht dich das an?

... oder gar etwas Längeres?

Scito nos amore nunc esse coniunctos.
Ich wollte dir nur sagen, dass wir zusammen sind.

Migravit in domum meam.
Er/Sie ist schon bei mir eingezogen.

De nuptiis cogitare coẹpimus.
Wir denken schon über Hochzeit nach.
Das geht dann doch etwas schnell!

Es geht heiß her

Vom Küssen, Kuscheln & Co.

Tene ẹtiam sạvium, priusquam hinc ạbeo.
Hier hast du noch ein Küsschen, bevor ich gehe.

Heri te vidi caput limantem cum Michaele.
Ich hab dich gestern mit Mike rumknutschen sehen.
„Caput limare" heißt wörtlich „den Kopf feilen".

Surrịpui ei suavịolum/bạsium.
Ich hab ihm/ihr ein Küsschen abgeluchst.

Ọscula, di magni, quot qualiaque dabat!
Oh Gott, wie gut und viel er/sie küsste!

Complẹctere, amabo.
Bitte, umarme mich!

Papillam pertractavi probe.
Ich hab ihre Brüste ordentlich begrapscht.

Quam pulchrae sunt mammae tuae!
Hast du schöne Brüste!
Kaum zu glauben: Das steht schon in der Bibel!

Bacchati sumus in Vẹnerem.
Wir haben es wild getrieben.

Ein bisschen turteln

Hier findest du ein paar Kosenamen, die du an deiner neuen Eroberung testen kannst:

Dan' suạvium, ...?	Krieg ich einen Kuss, ...?
mea vita	mein Ein und Alles (Wörtl.: mein Leben)
mel meum	mein Süßer/meine Süße (Wörtl.: mein Honig)
meum cọrculum/ mi anịmule	mein Herzlein
meum vẹrculum	mein Sonnenschein (Wörtl.: mein kleiner Frühling)
mea voluptas	mein Liebling (Wörtl.: meine Lust)
mi ocelle/ọcule	mein Äuglein
meae delịciae	mein Schatz
meus festus dies	mein Sonnenschein (Wörtl.: mein Feiertag)
meus mollịculus/ dulcịculus cạseus	mein süßes Käselein

Unzensiert

Tausend Möglichkeiten, über das Eine zu sprechen

Concubuịstine cum eo/ea?
Hast du mit ihm/ihr geschlafen?

Quid si coeamus/cọitum faciamus?
Wie wär's mit Sex?

Rem venẹriam hạbui cum eo/ea.
Ich hatte Sex mit ihm/ihr.

Ore libenter morigeratur mihi. !
Er/Sie macht es mir gerne französisch.

Succubuịstine ei? ❗
Hast du dich von ihm ficken lassen?
Wörtl.: jem. unter-liegen

(De)glụbit amạsium.

Sie besorgt es ihrem Lover.
Wörtl.: Sie schält ihren Lover ab.

Fellat eum. ❗
Sie bläst ihm einen.

Lingit suam puellam. ❗
Er macht es seiner Freundin mit dem Mund.

Cunctas vẹneres exercụimus./
Vẹnerem iụnximus per mille figuras.
Wir haben es auf jede erdenkliche Art getan.

Eam fụtuit/bạttuit/fodit.
Er hat sie gefickt.

Subagitạstine eum/eam?
Hast du es mit ihm/ihr getrieben?

Ịrrumat.
Er lässt sich einen blasen.
Wörtl.: Er stopft ihr das Maul, d. h. er zwingt sie zum Oralverkehr.

Pedicạstine/perforạstine/arạstine eam?
Hast du sie von hinten genommen?
„Perforare" bedeutet wörtlich „durchlöchern", „arare" „pflügen".

Mọlitur per utramque cavernam.
Sie lässt sich von vorne und hinten nehmen.
Wörtl.: Sie wird in beiden Höhlen gemahlen.

Facts

Co-ire heißt wörtlich „zusammengehen". Mit den zwei Bedeutungen spielt einmal der Dichter Ovid in der Geschichte von Narziss und Echo. Narziss ist wahnsinnig hübsch und Echo fährt voll auf ihn ab. Narziss kommt eines Tages in den Wald, in dem Echo wohnt, um sich an einem kleinem See zu erfrischen. Echo sieht ihn und spricht ihn an, zeigt sich aber nicht. Narziss ist reichlich verwirrt und fordert Echo heraus: *„Coeamus inquit"* heißt es bei Ovid: „Komm heraus und stelle dich". Echo wäre nicht Echo, wenn sie die Worte nicht wiederholen würde. Sie kennt die zwei Bedeutungen von *coeamus* sehr wohl und ruft ihm ein begeistertes „Coeamus!" zurück in der Hoffnung, ihre Gelüste würden befriedigt.

Lust?

... und Leidenschaft:

Viden' quam prụriat?
Siehst du, wie geil er/sie ist?

Scin' salacem me esse?
Weißt du, dass ich richtig Lust hätte?

In te ad unum omnes arrigare non vides? ♀
Merkst du nicht, dass wirklich jeder geil auf dich ist?

Nonne vides eum/eam subare in te?
Siehst du nicht, wie geil der/die auf dich ist?

Rumpor hercle tentịgine.
Ich bin vielleicht geil heute.

Tentịgine ạrdeo.
Ich bin schon ganz scharf.

Mạdeo voluptate.
Ich bin schon ganz feucht.

Vẹnerem quis misẹrius ardet quam tu?
Mein Gott ... du hast es aber nötig.

Keine Lust? ... So sagst du's!

Mitte me.
Lass mich in Ruhe.

Vẹnerem negavit.
Er/Sie hatte keine Lust.

Eum/eam negantem vẹneri mollire pọtui.
Anfangs wollte er/sie nicht, dann habe ich ihn/sie aber doch noch rumgekriegt.

Fugit amplexus.
Er/Sie ziert sich ein wenig.

Beziehungsprobleme?

Es läuft eben nicht immer rund ...

Quo usque quaeso amore utemur semper subreptịcio?
Wie lange sollen wir denn unsere Beziehung noch geheim halten?

Numquam me auscultas!
Du hörst nie auf das, was ich sage.

Quid hoc sit negoti te meum dictum mịnimi fạcere?
Was soll das? Wieso hörst du nicht auf das, was ich sage.

Elọquere modo: Quis est, quem/quam amas?
Sag schon: Wie heißt er/sie?

Gibt's mal Zoff, denk daran:

Amạntium irae amoris integrạtio est.
Streitereien machen die Liebe erst komplett.

Potenzprobleme?

Wenn's mal nicht so klappt ...

Numquam tibi stat.
Du kriegst ja nie einen hoch.

Funerata est pars illa corporis qua quondam Achilles eram.
Ich hatte früher ein wahnsinniges Stehvermögen. Heute ist aber tote Hose.
Wörtl.: Jenes Körperteil ist begraben, das mich früher ein Achill (sprich: ein ganz toller Hecht) sein ließ.

Egone ut in venerem segnis/iners? Necesse est inhibeam venerem potius quam incitem!
Ich und Viagra? Ich bräuchte eher ein Gegenmittel!

Von Flittchen und Frauenhelden ...

Sprechen wir mal Klartext ...

Est homo rebus veneriis deditus.
Er denkt immer nur an das Eine.
Wörtl.: Er hat nichts als Venus und ihre Geschenke im Kopf.

Male a venere sibi temperat.
Er/Sie kann an nichts anderes denken.

Est virosa femina.
Sie ist eine Nymphomanin.

Odi virum secutuleium/mulierem secutuleiam.
Ich hasse Männer/Frauen, die einem dauernd nachlaufen.

Lascivis oculis efficit, ut vix mentis compos sim.
Mit seinem/ihrem Wahnsinnsblick macht er/sie mich ganz verrückt.

Modẹstiam praefert, lascịvia ụtitur.
Sie tut recht schüchtern, hat's aber faustdick hinter den Ohren.

Repente mihi visum est scortillum.
Ich hab sofort gemerkt, dass sie ein Flittchen ist.

Safer Sex

Damit die heiße Nacht keine unerwarteten Folgen hat, hier noch mal das Wichtigste ...

Solesne pịlulam sụmere?
Nimmst du die Pille?

Habesne membranam/tegumentum?
Hast du ein Kondom dabei?

Perịimus! Membrana disrupta est.
Verdammt. Das Kondom ist geplatzt.

Quid ait mẹdicus?
Und? Was hat der Arzt gesagt?

Bene nobiscum actum. Gạudeo.
Zum Glück ist nichts passiert. Da bin ich froh.

Posthạc ẹrimus cautiores.
In Zukunft werden wir etwas besser aufpassen.

Qua ratione caves tu, ne concịpias?
Wie verhütest du?

Spịrula utor.
Ich benutze die Spirale.

Solet indụcere membranam. ♀ /**Sọleo indụcere membranam.** ♂
Wir benutzen Kondome.

Für Insider

Pille, Kondom und Co. kannten die Römer noch nicht. Stattdessen wandten sie allerlei mehr oder weniger wirksame Methoden der Empfängnisverhütung an. So trugen sie z. B., bevor es zur Sache ging, verschiedene Harze, Öle oder Essig auf die Geschlechtsorgane auf. Andere Versuche wirken noch etwas lächerlicher: Der Frau wurde z. B. geraten, sie solle, wenn der Mann kommt, den Atem anhalten und sich von ihm ein wenig wegdrücken; sofort nachher sollte sie aufstehen, sich hinhocken und versuchen zu niesen und dann die Scheide sorgfältig abwischen. Der Effekt werde zudem noch verstärkt, wenn sie nachher etwas Kaltes trinke. Skurriler ist freilich der Ratschlag, man solle beim Sex in einem kleinen Röhrchen eine Katzenleber oder einen Teil der Gebärmutter einer Löwin tragen. Das sei, fügt der „Spezialist" hinzu, sehr effektiv. Dass all diese Verhütungsmethoden alles andere als sicher waren, ist klar – von Nachahmung sei an dieser Stelle also vehement abgeraten!

Wohl recht verbreitet war im Alten Rom eine andere Art der Geburtenkontrolle: die Abtreibung. Zunächst versuchte man, die Abtreibung sanft herbeizuführen durch anstrengende körperliche Tätigkeiten, durch Massagen, Umschläge, Bäder usw. Es wurden auch spezielle Substanzen eingenommen, die abtreibend wirkten. Nicht selten konnte eine Abtreibung tödlich für die Mutter enden, vor allem wenn versucht wurde, den Fötus im Mutterleib mit Hilfe eines spitzen Gegenstandes zu töten.

Oft wurden ungewollte Kinder nach der Geburt auch einfach ausgesetzt.

Die SCHWULEN- und LESBENSZENE

4

Latein auch in der alternativen Szene? Klar! Hier lernst du das nötige Vokabular ...

- Wörter für Lesben und Schwule
- Ein bisschen bi schadet nie.

Ist er oder sie homo?

So fragst du nach:

Uter tibi sexus magis arridet?
Bist du schwul/lesbisch?

Numquam mulịebria sum passus. ♂
Ich hab's noch nie mit nem Jungen getan.

Saẹpius rem iam hạbui cum fẹminis.
Ich hatte schon öfter was mit Frauen.

Iam dudum sensi eum esse mollem.
Ich hab es schon lange gemerkt, dass er vom anderen Ufer ist.

Novam rem narras! Reveran' tribas est? !
Das höre ich heute zum ersten Mal. Ist sie wirklich ne Lesbe?

Est ut dixi, frictrix est. !
Wenn ich's dir sage, sie ist ne Lesbe.

Viros/mulịeres mavult.
Er mag Männer lieber./Sie mag Frauen lieber.

Quid mirum? Mulịeres viris praestare quis est qui neget?
Wieso nicht? Frauen sind nun mal die besseren Menschen.

Quando te viros/mulịeres malle sensisti?
Wann hast du denn gemerkt, dass du schwul/lesbisch bist?

A pạrvulo/pạrvula usque maiore stụdio in viros/feminas fui quam in feminas/viros.
Schon als ich klein war, haben mich Männer/Frauen mehr interessiert als Frauen/Männer.

Christina heri se mulịeres malle confessa est.
Christina hat sich gestern geoutet.

Unzensiert

Die etwas härteren Worte für Schwule und Lesben:

Martinus ... est.	Martin ist ...
effeminatus !	eine Schwuchtel.
cinaedus !	eine Tunte.
pathicus 💣	ein Hinterlader.
Anna ... est.	Anna ist eine Lesbe.
tribas/frictrix !	(Wörtl.: Reiberin)
fututrix 💣	(Wörtl.: Fickerin)

Facts

Über Lesben in der Antike weiß man kaum etwas. Und was man weiß, haben Männer überliefert, die nicht gerne sahen, dass „ihre" Frauen auch andere Interessen als Männer haben konnten. Dementsprechend böse sind die wenigen Worte, die über römische Lesben existieren. Über die Männer sind wir besser unterrichtet: Beziehungen zu Gleichgeschlechtlichen waren nicht unüblich. So soll Cäsar z. B. eine Zeit lang eine sexuelle Beziehung zum bithynischen König Nicomedes gehabt haben.
In der sexuellen Praxis wurde der passive Part allgemein als eines „richtigen" Mannes nicht würdig erachtet, weshalb sich so mancher wohlhabende Römer Lustknaben (*pueri meritorii*) hielt.

Ist er oder sie bisexuell?

Das Wichtigste auf Latein:

Utrumque placet.
Mir gefällt beides.

Utrum fẹmina an vir, quid ad me?
Ob Frau oder Mann, das ist mir doch egal.

Ọmnium mulịerum vir est et ọmnium virorum mụlier.
Er treibt's mit allen und jedem. Frau, Mann ... das macht keinen Unterschied.
Das sagte dereinst schon der freche Curio über den großen Cäsar, der es mit dem bithynischen König Nicomedes durchaus bunt getrieben haben soll ...

Utrumque sexum dịligo.
Ich bin bi.

Nil mihi cum Vẹnere.
Ich bin asexuell.

SPORT und SPIEL

5

Nach Zirkusspielen waren die Römer ganz verrückt. Alle hatten ihre Favoriten beim Pferderennen und feuerten sie nach Leibeskräften an. Aber auch am Würfeltisch konnte es heiß hergehen. Wie das geklungen hat, erfährst du in diesem Kapitel.

- Heiz den Pferden ein
- Lerne die wichtigsten Beschimpfungen für die Gegner
- Wetten, dass ... versuch dein Glück bei der Sportwette
- Das Wichtigste fürs Würfelspiel

Schlachtrufe

Beim Pferderennen hielt es niemanden lange auf seiner Bank, jeder feuerte seine Favoriten an.

Feḷiciter tibi!
Toi toi toi!

Ạgite, cụrrite, properate, volate!/Vola, perlạbere campum!
Los, schneller, schneller!

Immitte habenas!
Los, heiz deinen Pferden ein!

Quin istụnc praẹteris?
Überhol ihn doch!

Stringe metam!
Innenbahn!
Wer Ideallinie fahren wollte, für den hieß es: ganz eng ran an die Wendepunkte (metae).

Ventos post terga reliquit.
Er ist mit Karacho über die Bahn gefegt.
Wörtl.: Er hat den Wind hinter sich gelassen.

Gewonnen!

So jubelst du über den Sieg:

Eụge!
Bravo!

Tenet palmam!/Vicit!
Er hat gewonnen!

Mẹrito vicit.
Er hat den Sieg verdient.

Qui tres primi sunt?
Wer sind die drei Bestplatzierten?

Plạcuit certamen insanum bene.
Das Rennen war einfach geil.

Beschimpfungen

Läuft's mal nicht so, wie du es gerne möchtest, kannst du so Dampf ablassen:

Di vos pẹrduint, vẹneti.
Nieder mit den Blauen!

Nil albatis languịdius!
Ihr Weißen seid doch Luschen!

Facts

Schnelle Pferde, enge Kurven, wilde Rennen – Action pur im Alten Rom! Das römische Volk liebte die Zirkusspiele. Zu Tausenden strömten sie in den riesigen *Circus Maximus*, um dort die wilden Pferderennen mitzuerleben. Der Zirkus bot wohl ca. 150.000 Menschen Platz, die Rennbahn bestand aus zwei parallel verlaufenden, knapp 600 m langen Geraden, die von einem kleinen Erdwall (*euripus* oder *spina*) getrennt waren.
War das Startzeichen gegeben und stürmten die Pferde aus den *cạrceres* (Startboxen), gab es für die Zuschauer kein Halten mehr. Jeder feuerte sein Lieblingsgespann an. Es gab vier davon: die Roten (*russati*), die Blauen (*vẹneti*), die Weißen (*albati*) und die Grünen (*prạsini*).
Die entscheidenden Stellen waren die Wenden: Mit viel Können mussten die Wagenlenker (*aurigae*) ihre Pferde um die Wendepunkte (*metae*) herumlenken – je enger desto besser. Ein wirklich rasantes und riskantes Unterfangen. Den Sieger erwarteten nicht nur ordentliche Belohnungen, sondern auch Ruhm und Anerkennung.

Ite in malam crucem!
Nieder mit euch!

Verveces!
Schafsköpfe!

Furcịferi! !
Ihr Schweine!

Am Verlieren?

Sollte der auriga *mal nicht wissen, was zu tun ist, kannst du ihn von der Tribüne aus beraten ...*

Quid facis?
Was treibst du?

Sanusne es? Quid spatioso orbe cịrcuis metam?
Spinnst du? Was fährst du so weit außen?

Cave! Premit prạsinus.
Pass auf! Der Grüne ist dir dicht auf den Fersen.

Quo nịmius ruis? Restat aliquantum.
Fahr nicht so wild. Du hast noch n Stück.

Wetten dass ...?

Brauchst du den Nervenkitzel ... und hast du genug Kohle?

Quis vestrum mecum pignus vult pọnere?
Wer will mit mir wetten?

Ẹquidem, ni vincat prạsinus, pignus do.
Ich setze auf den Grünen.

Quo pịgnore mecum certatis?
Um wie viel wollen wir wetten?

Tam parva pịgnora? Num timetis, ne non vincat?
So wenig? Habt ihr Schiss?

Ducentos nummos do, ni vincat.
Ich wette um 200 Sesterzen, dass er gewinnt.
Achtung! Wenn du das sagst, solltest du dir deiner Sache schon ganz sicher sein: 200 Sesterzen entsprechen etwa zwei Monatslöhnen eines Durchschnittsrömers ...

Bene. Fiat.
Einverstanden.

Eheu. Victus est.
Oje ... er hat verloren.

Decoxi.
Ich bin bankrott.

Der Zirkus tobt ...

Mit folgenden Sätzen kannst du versuchen, die Atmosphäre zu beschreiben:

Quạtitur certạmine circus.
Der Zirkus bebt.

Circus cọnfremit.
Der Zirkus tobt.

Tutatur favor russatum.
Das Publikum hält zum Roten.

Plausu fremituque theatri volat.
Er lässt sich vom Getöse des Publikums förmlich treiben.

Ọmnibus mentem ardor ạbstulit.
Alle sind ganz aus dem Häuschen.

Exsibilaverunt pẹssimum aurigam.
Sie haben den miesen Wagenlenker ausgepfiffen.

Fụfium clamọribus et convịciis et sịbilis consectantur.
Sie jagen Fufius mit Buhrufen, Beschimpfungen und Pfiffen aus dem Zirkus.

Für Insider

Pferderennen im Zirkus – die Gelegenheit für einen Flirt: Nach Ovid, dem großen Lehrmeister der Liebe, war der Zirkus ein wirklich heißer Tipp für alle Flirtgierigen. Man sollte sich möglichst nah an die Person des Begehrens ransetzen und versuchen, mit ihr zu plaudern. Dabei konnte man fragen, zu welcher Mannschaft sie hält; spätestens dann wusste man selbst, wen man anfeuern musste. Wenn die Pferdchen unten vorbeibrausten, konnte man sich blöd stellen und fragen, zu welcher Mannschaft sie gehörten; feuerte sie sie an, sollte man sich nicht lumpen lassen und mitschreien.
Da das Pferderennen eine ziemlich staubige Angelegenheit war, konnte es sein, dass etwas Dreck auf die Kleidung des Flirtopfers fiel. Das war die Gelegenheit für Körperkontakt! Keine Spur von Staub? Macht nichts – man konnte einfach so tun als ob und ihr trotzdem über das Gewand streichen. Wenn das Gewand auf den Boden hing, zog man es ein Stückchen hoch und konnte dabei vielleicht sogar einen Blick auf ihre Beine erhaschen. Und natürlich sollte man darauf achten, dass ihr niemand mit den Beinen in den Rücken drückte. Außerdem konnte man sich Sympathiepunkte sichern, indem man ihr ihr Sitzpolster herrichtete, ihr Wind zufächerte oder ihr einen Schemel hinstellte, auf den sie ihre Füße stellen konnte.

Facts

Die Römer waren begeisterte Würfelspieler. In den Kneipen brachten so manche beim (verbotenen) Spiel um Geld ihr Vermögen durch.
Zum Würfeln wurden entweder vierseitige Knöchel (Fußwurzelknochen von Kälbern oder Schafen) verwendet, die mit den Werten 1, 3, 4 und 6 beschriftet worden waren, oder ein 6-seitiger Würfel aus Knochen oder Ton. Man warf die meist drei Würfel auf eine Spielplatte (*tạbula*) und zählte die Gesamtpunktzahl. Wenn's gut lief, hatte man einen sogenannten „Venuswurf", d. h. man würfelte dreimal die Sechs; wenn es schlecht lief und man nur drei magere „Einser" warf, nannten die Römer das Hund (*canis*). Es wird gemunkelt, dass auch der ein oder andere Kaiser dem Würfelspiel verfallen gewesen sein soll.
Dafür, dass es bei einer Würfelpartie heiß herging, legt der Dichter Ovid Zeugnis ab, der sie etwa so beschreibt: *Im Spiel sind wir unvorsichtig, öffnen uns, zeigen uns ganz unverhüllt; Zorn spielt mit – das hässliche Übel – Gewinnsucht, Zänkereien, Streitigkeiten, Aufregung und Ärger. Anschuldigungen werden laut, überall ist Geschrei, jeder ruft die zornigen Götter zu Hilfe ... oft schon habe ich dort Leute auch weinen sehen.*

Die Würfel sollen fallen!

Der Dauerbrenner im Spielebereich: das Würfelspiel

Quin ạlea ludamus?
Wollen wir ein bisschen würfeln?

Scio te studiosịssime ạlea lụdere.
Ich weiß doch, dass du ganz scharf aufs Würfeln bist.

Tune me poscis in ạleam?
Du willst gegen mich antreten?

Nonne scis te iam dudum non cessare pẹrdere?
Hast du schon vergessen, dass du ne Pechsträhne hast?

Euge! Venerem ieci. Vici. Da mi pecuniam.
Ha! Venus-Wurf! Ich hab gewonnen. Her mit dem Geld.

Numquam prosperiore alea usus sum.
Ich hab noch nie so viel Glück gehabt.

Superi me perdant, nisi bona fide lusi.
Ich schwör's, ich habe ehrlich gespielt.

Facts

Gerne vertrieb man sich in Rom auch die ein oder andere Mußestunde mit Brettspielen. Die zwei bekanntesten waren der *latrunculorum ludus,* das „Söldnerspiel“, und die *duodecim scripta*. Beim letztgenannten versuchte man, auf einem Spielbrett durch bestimmte Züge seine Spielsteine von der einen Seite auf die andere zu bringen. Beim *latrunculorum ludus* war das Ziel, dem Gegner möglichst viele Steine abzunehmen, indem man sie zwischen zwei eigene einschloss. So viel, dass wir die Spiele nachspielen könnten, ist uns aber leider nicht überliefert.

SHOPPEN

Geh auf lateinische Shoppingtour! Hier findest du die richtigen Ausdrücke für ...

- den etwas anderen Einkaufsbummel
- Schnäppchenjäger und Modebewusste

Auf zum Shoppen

Alleine shoppen ist langweilig ... So animierst du deine Freundinnen und Freunde zu einer Shoppingtour.

Vin' mecum tabernas perlustrare?
Möchtest du mit mir einen kleinen Einkaufsbummel machen?

– **Ạgedum, tabernas adeamus.** Komm, gehen wir shoppen.
– **Quid illịc ẹmere vis?** Was willst du denn kaufen?
– **Nihil, velim autem scire quae vẹneant.** Nichts eigentlich. Ich möchte mich nur umsehen.
– **Fiat. Nihil est, quod hic agam.** Ok. Ich hab sowieso nichts zu tun.

Erste Schritte ...

Richtig los geht's erst, wenn du einmal im Laden bist ...

Qua in parte sunt/exhibentur ...?	Wo ist die ...?
calceamenta	Schuhabteilung
vestimenta muliẹbria/virịlia	Damen-/Herrenabteilung
vestimenta campẹstria	Sportabteilung
odores atque unguenta	Parfümabteilung
electrọnica	Elektroabteilung

Papạe! Quam pulchros cạlceos!
Oh Gott ... diese Schuhe sind toll!

Pẹream, nisi ẹmero.
Die muss ich haben.

Eheu. Quam caras ịndicant bracas!
Schau, wie teuer die Hosen hier sind!

Tunịculae mịnimo stant.
Die T-Shirts sind aber ziemlich billig.

Quae istaẹc taberna est? Vẹneunt nullae nisi utrique sẹxui aptae vestes.
Was ist denn das für ein Laden? Hier gibt's nur Unisex-Klamotten.

Emam tụnicam ...	Ich werde mir ein ... Shirt kaufen.
unicolorem.	einfarbiges
vạriam.	buntes
virgatam.	gestreiftes
laculatam.	kariertes

Placentne tibi gunnae flọribus ornatae?
Gefällt dir Blumenmuster auf Röcken?

In der Umkleidekabine

Licetne hasce bracas expẹriar?
Könnte ich diese Hose mal anprobieren?

Quịppini. Illục potes secẹdere.
Gerne. Die Kabinen sind dort drüben.

Satịn haec me vestis dẹceat?
Steht mir dieses Teil?

Non vestem amo, sed vestis fartum.
Mir ist die Kleidung egal, mich interessiert, was drinsteckt.
Wörtl.: Ich liebe nicht das Kleid, sondern seine Füllung.

Virtute formae id ẹvenit, ut te dẹceat quidquid hạbeas.
Du bist so schön, dir steht einfach alles.
Vorsicht! Das ist fast schon sooo nett, dass es ironisch wirken könnte.

O me obesum/obesam!
Mensch, bin ich dick!

Estne vestis huius gẹneris paulo ạmplior?
Gibt's dieses Teil auch etwas größer?

Jetzt geht's an den Geldbeutel

Was kostet das Teil und ... wie willst du bezahlen?

Cum hasce bracas magis contemplor, magis placent.
Je mehr ich die Hose ansehe, desto besser gefällt sie mir.

Ạgedum. Prẹtium percontemur.
Komm. Fragen wir mal, was sie kostet.

Quanti constat?/Quanti hoc ịndicas?
Was kostet das?

Nịmium atque immensum poscis!
Das ist ja viel zu viel!
Sag das mit gehöriger Empörung zum Verkäufer, wenn er zu viel von dir möchte.

Vin' tanti illud ẹmere?
Willst du es für so viel kaufen?

Quanti hoc ẹmeras?
Wie viel hast du denn dafür bezahlt?

Mille nummum solvi.
Tausend hab ich dafür bezahlt.

Quanti quanti bene ẹmitur quod necesse est.
Für Sachen, die man wirklich braucht, ist jeder Preis recht.

Graeca fide mercari soleo.
Ich zahle immer bar.
„Graeca fide" heißt „mit griechischem Kredit". Die Redewendung stammt aus einer Zeit, als in Griechenland Schwindel und Betrug Hochkonjunktur hatten und niemand einem Griechen etwas auf Pump verkaufen wollte. Sie bedeutet so viel wie „ohne Kredit (=bar) kaufen".

– **Quanti emisti?** Wie viel hast du dafür bezahlt?
– **Parvo.** Wenig.
– **Quanti ergo?** Wie viel denn jetzt?
– **Quingentis nummis.** 500 Euro.
– **Eheu! Male emisti.** Oh mein Gott! Da hast du aber zu viel bezahlt.

Potesne nunc mutua duo milia nummum dare? Intra octavum diem tibi reddam?
Könntest du mir jetzt vielleicht 2000 € leihen? Ich gebe sie dir in einer Woche zurück.

Quid est cur nihil non mutuum roges?
Wieso musst du denn immer alles schnorren?

Aquam a pumice nunc postulas.
Da fragst du jetzt den Falschen/die Falsche.
Wörtl.: Da verlangst du Wasser vom (staubtrockenen) Bimsstein.

Quin mihi reddis argentum?
Wieso gibst du mir mein Geld nicht zurück?

Quia non est, unde reddam. Plenus est sacculus aranearum.
Weil ich nichts hab. Ich bin völlig pleite.
Wörtl.: Mein Beutel ist voll von Spinnweben.

Nach dem Einkauf

Neid, Ärger, ... doch: Nach dem Einkauf ist vor dem Einkauf!

Unde has bracas emisti?
Wo hast du diese Hosen gekauft?

O te fortunatum/fortunatam, qui/quae cạlceos tam pulchros indagasti.
Du hast vielleicht schöne Schuhe gefunden! Du Glückspilz!

Nimis est astricta vestis.
Das Teil ist zu eng.

Cạlceus urit.
Der Schuh drückt.

Cạlceus laxus in pede haeret.
Der Schuh ist etwas zu groß.

Patet cạlceus, rupta est pellis.
Der Schuh ist kaputt, das Leder ist gerissen.

Ọmnia reddam.
Ich bringe alles wieder zurück.

MODE

Zieh dir dieses stylische Kapitel rein, damit du über die Klamotten der alten Statuen ebenso reden kannst wie über die deiner Freundinnen und Freunde.

Lass dich auf Latein aus über

- das Outfit von anderen
- die Klamotten in deinem Schrank
- deine Traumfrisur

Die richtigen Klamotten

Ist das Outfit passabel?

Vestitus/vestita ut est ... !	Wie ... er/sie sich anzieht!
lẹpide	toll
concinne	modisch
nove	stylisch
speciose	hübsch
eleganter	elegant

Vestitu decoro/pulchẹrrimo uti solet.
Er zieht sich immer ganz schön/wahnsinnig schön an.

– **Quid erat induta?** Was hatte sie an?
– **Nil nisi Coam vestem.** Nur ein Negligé.

Nihil videtur mụndius nec magis ẹlegans.
Der/Die scheint einen guten Geschmack zu haben.

Vestitu delicatiore ụtitur.
Er/Sie ist etwas overstyled.

Prịstino vestitu ụtitur.
Er/Sie trägt retro.

Vẹstior utịliter magis quam delicate.
Ich bin eher der Casual-Typ.

... oder ein absolutes No-Go?

Medióṇcriter est vestitus/vestita.
Er/Sie ist nicht unbedingt toll gekleidet.

Quam bạrbaram vestem!
Sowas Unmodisches.

Vestitu hụmili atque obsoleto incedit.
Er/Sie kommt mit absolut billiger und kaputter Kleidung daher.

Vidịstine istas? Quam male vestitae sunt!
Habt ihr die gesehen? Die sind vielleicht schlecht angezogen!

Bracas contritas gestabat.
Er/Sie hatte eine ziemlich verschlissene Hose an.

Taeter/taetra atque terrịbilis aspectu incedebat.
Er/Sie war potthässlich und kaum anzusehen.

Semper vestes gerit nihil celantes.
Er/Sie trägt immer sehr durchsichtige Klamotten.

Non ei placet nove vestiri.
Er/Sie steht nicht so auf moderne Klamotten.

Contemptiore me vestitu esse scio; nihil autem moror.
Ich weiß, dass ich nicht unbedingt modisch angezogen bin; das ist mir aber egal.

Non laboro, quid vestis geram.
Mir ist es egal, was ich anhabe.

Quidquid vestis sit non laboro, dụmmodo frigus ạrceat.
Mir egal, was ich für Klamotten trage, solange sie warm sind.

Manedum parumper. Vestimenta mutabo.
Warte kurz. Ich muss mich nur noch umziehen.

Im Kleiderschrank

Kleidung damals und heute

Das Outfit der Frauen damals …

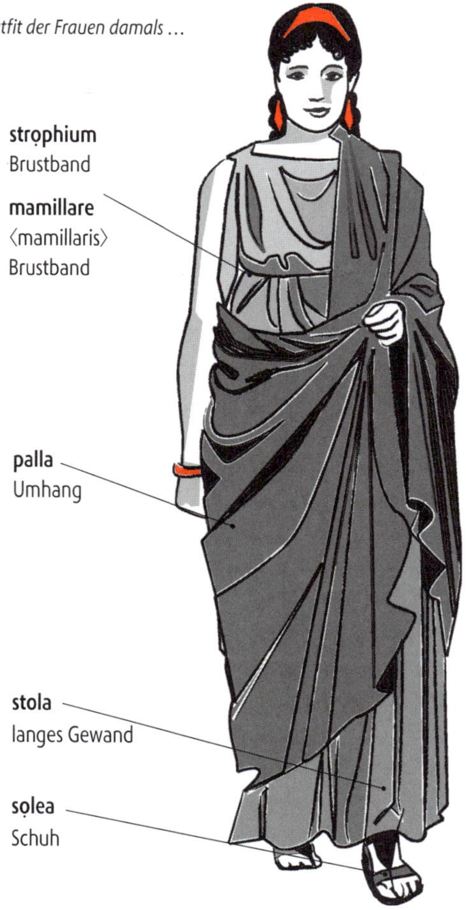

Das Outfit der Frauen heute

pẹrula
Handtasche

strọphium/ mamillare ⟨mamillaris⟩
BH

subụcula
Top

vestis Bikiniana ⟨vestis Bikinianae⟩
Bikini

sụbligar ⟨subligạris⟩
Slip

gunna
Rock

vestis balnearis ⟨vestis balnearis⟩
Badeanzug

soccus
Hausschuh

Und was trugen die Jungs?

... und so kannst du heute über Männerkleidung reden

Zu tief in den Schminktopf geschaut?

Schminken auf Lateinisch ...

Cedo cerussam.
Gib mir mal den Puder.

Pẹssime fucatur.
Unmöglich, wie sie sich schminkt.

Cum malas ọblinis, modum excedis.
Du übertreibst immer ein bisschen mit dem Rouge.

Crassa favilla ọculos signari mạxime dịsplicet.
Zu viel Wimperntusche gefällt mir überhaupt nicht.

Quid cọrporis vịtia fuco ọculis?
Warum musst du denn deine Fehlerchen immer überschminken?

Mane parumper, dum ọculos fulịgine ọblino.
Warte kurz, ich trag noch etwas Lidschatten auf.

Solesne inaure an monili te ornare?
Trägst du Ohrringe oder Halskettchen?

Torquem/armillam gero.
Ich trage eine Halskette/einen Armreif.

Ẹquidem numquam inaures gero.
Ich trage nie Ohrringe.

Totus/tota es de cạpsula.
Du bist vielleicht herausgeputzt.
Die „capsula" diente der Aufbewahrung von Kleidung und Schmuck.

Facts

Römerinnen waren ganz wild auf Kosmetika. Ihnen stand für ihr Make-up eine Vielzahl von Mittelchen zur Verfügung. Um die Haut geschmeidig zu machen, benutzte man z. B. einen mit Parfüm vermischten öligen Saft aus Schafwolle, mit Kreide (*creta*) und Bleiweiß (*cerussa*) wurden Stirn und Arme weiß geschminkt, eine Mischung aus Purpursaft und Silberkreide (*purpurissum*) machte Wangen und Lippen rot. Für einen schönen Augenaufschlag wurde spezielle schwarze Schminke (*stịbium*/*fuligo*) aus geröstetem Spießglaserz oder fein gestoßene Asche aufgetragen.
Mit demselben Mittel zog man auch die Augenbrauen nach; für den Lidschatten waren auch die Farben Grün und Blau recht beliebt.
Die Männer machten sich übrigens gern über übertriebenes Make-up bei Frauen lustig. So sagte Martial einmal zu einer Frau, die von ihrem Schminkkästchen eher exzessiv Gebrauch machte: „Dein Gesicht schläft nicht mit dir" – natürlich weil sie sich vor dem Schlafen abschminkte.

Mittelscheitel, Vokuhila oder Glatze

Alles rund um die Haarpracht:

Habet capillos recisos parte priore, aversa promissos.
Er/Sie trägt Vokuhila.

Numquamne pectis capillos?
Kämmst du dich denn nie?

Comis passis mạxime places.
Du gefällst mir mit offenen Haaren am besten.

Comis detonsis taetẹrrimus/taetẹrrima es aspectu.
Mit Glatze siehst du furchtbar aus.

Recide comam ... oculi non iam cernuntur.
Schneide dir mal die Haare! Man sieht ja nicht mal mehr deine Augen.

Vae mihi, calvesco.
Oje, ich krieg langsam ne Glatze.

Fateor me non esse omnium capillosissimum/capillosissimam./Non nego me raro capillo esse.
Ich geb zu, ich hab nicht das vollste Haar.

Quid ais? Cucurbita es calvior!
Was sagst du da? Du bist doch kahl wie sonst noch was!
Wörtl.: Du bist glatzköpfiger als ein Kürbis.

Est capillis ...	Er/Sie hat ... Haare.
flavis.	blonde
rufis.	rote
fuscis.	braune
nigris.	schwarze
tinctis.	gefärbte
canis.	graue

KÖRPER

8

Die nackte Wahrheit über Körperteile und -funktionen

- Wow! Perfekte ... und nicht ganz so schöne Bodys
- Igitt! Garantiert ekliges Vokabular von rülpsen bis furzen

Der perfekte Body?

Hier findest du die richtigen Worte, um dich über die Figur anderer auszulassen ...

Qua fạcie est?/Qua forma est?
Wie sieht er/sie aus?

Quale decus formae!
Er/Sie ist echt hübsch!

Pulchriorem neque tu repẹries neque sol videt.
Jemand Schöneren wirst du auf der Welt wohl kaum finden.

Vẹneri sịmilis est.
Sie sieht traumhaft aus!
Wörtl.: Sie ist der Venus ähnlich. Das ist durchaus ein Kompliment!

Marcus est cọrpore ...	Mark hat einen ... Body.
mirịfico.	super
insigni.	Wahnsinns-
robusto.	durchtrainierten
egrẹgio/luculento.	tollen

Marcus est satis nervosus/torosus.
Mark ist ziemlich muskulös.

Nicolaus est toto cọrpore glaber.
Niko ist komplett rasiert – überall.

Dạniel est toto cọrpore hirtus.
Dani hat nen Pelz wie ein Bär.

Iulia est ...	Julia ...
pulchro/formoso/ specioso cọrpore.	hat einen hübschen Body.
grạcili cọrpore.	hat einen wunderbar schlanken Body.

Iulia est …	Julia …
pulchris clụnibus.	hat nen tollen Hintern.
consụcida.	ist knackig.
mụstea.	ist knackig.
usque ab unguịculo ad capillum summum est festivịssima.	sieht von Kopf bis Fuß super aus.

Anna est forma …	Anna …
lẹpida/nịtida.	hat einen süßen Körper.
bona.	sieht gut aus.
mala/pẹssima.	sieht hässlich/potthässlich aus.
expetenda.	sieht super aus.
scita.	ist ziemlich hübsch.
splẹndida.	sieht toll aus.

Eam non inspeciosam dịxerim.
Ich würde sagen, sie sieht gar nicht schlecht aus.

Novisti Clạudiam, pulchẹrrimum bacciballum.
Du kennst doch Claudia, die ist wirklich eine scharfe Braut.

Est vultu adeo venụsto, ut nil supra.
Er/Sie hat so ein hübsches Gesicht, hübscher geht's nicht.

Illa est nịmium lẹpida nimisque nịtida fẹmina.
Sie ist eine wahnsinnig schöne und tolle Frau.

Wie groß bist du?

Hier das Allernötigste, um über Körpergröße zu sprechen:

Qua statura est?
Wie groß ist er/sie denn?

Longus/Longa sum quinque pedes et quadrantem.
Ich bin 1,55 m groß.

Est procerae staturae.
Er/Sie ist ziemlich groß.

Quis mortalis eo procẹrior?
Er ist der Allergrößte.
Jetzt nicht übertragen gemeint!

Nẹminem vidi breviorem.
Ich hab noch nie jemand Kleineren gesehen.

Sesquịpede quiddam est lọngior quam tu.
Er/Sie ist einen guten Kopf größer als du.

Nihil vịdeo. Ante me est nẹscio qui longụrio.
Ich kann nichts sehen. Vor mir steht so ein langer Lulatsch.

Schwere Knochen?

So kannst du dir über Untergewicht Sorgen machen und über Übergewicht jammern:

– **Quod pondo tu es?** Wie viel wiegst du?
– **Ducentis et decem pondo sum.**
Ich wiege um die 70 Kilo.
Ich wiege 210 römische Pfund (1 Pfund ≈ 327 g).

Eum/Eam gracilem non dixerim.
Ich würde ihn/sie jetzt nicht gerade schlank nennen.

Admodum plenus/plena est.
Sie ist relativ gut gebaut/vollschlank.

Marcus est corpore obeso.
Mark ist ziemlich fett.

Quis hic est homo cum collativo ventre?
Wer ist der/die dort mit der fetten Wampe?

Qui factum est, ut tantum corporis faceres?
Wie hast du nur so zugenommen?

Tune corpus amisisti?
Hast du abgenommen?

Hi cibi corpori accedunt maxime.
Das Essen schlägt sich ordentlich auf die Hüften.

„
– **O puellam pulchram et gracilem.**
Wow. Die Süße hat ne tolle Figur.
– **Ain tu? Macie sua male viva est.**
Meinst du? Die kann sich doch kaum mehr auf den Beinen halten, so dürr ist sie.
– **Macie paene confecta videtur.**
Sie sieht total abgemagert aus.
– **Quasi ossa ac pellis tota est.**
Sie ist ja nur noch Haut und Knochen.
– **Quin exta inspicere in sole ei vivae licet.**
Du kannst ja durch sie durchschauen, so dünn ist sie.
Du kannst ja bei lebendigem Leibe seine/ihre Eingeweide in der Sonne sehen.
“

Necesse est ieiụnium interponam.
Ich muss unbedingt eine Diät machen.

Quam dudum fame ụteris?
Wie lange bist du schon auf Diät?

Brüste, Hintern und Co.

Die wirklich wichtigen Körperteile ...

Vidẹn' quam isti tụmeant mammae?
Siehst du, was für dicke Dinger die hat?

Habet mammas, quạlia equina ụbera.
Sie hat Riesendinger.
Wörtl.: Brüste wie Pferdeeuter. Ob das ein Kompliment ist, darüber lässt sich wohl streiten.

Ego mammosam malo.
Ich mag Frauen mit großen Brüsten lieber.

Praeter mammas tụmidas/tụrgidas nihil habet, quo placere possit.
Sie hat nichts Tolles an sich außer ihrem Riesenbusen.

Hui ... pulchras nates!
Wow ... toller Hintern!

Me nemo est mentulạtior.
Ich hab den allerlängsten.

O quam toroso es ventre. Licetne temptem?
Wow, du hast aber Bauchmuskeln. Darf ich sie mal anfassen?

Augenfarbe

Schau ihm/ihr in die Augen ...

Quo oculorum colore est?
Welche Augenfarbe hat er/sie?

Ọculis est ...	Er/Sie hat ... Augen.
pernigris.	ganz schwarze
caẹsiis.	graublaue
fuscis/cervinis.	braune

Quo colore ọculi eius sint nẹscio neque moror, hoc unum scio, pulchẹrrimos esse ọculos.
Welche Augenfarbe er/sie hat, weiß ich nicht, das ist mir auch egal; ich weiß nur, dass sie wunderschön sind.

Nonne venustos ọculos habet?
Hat er/sie nicht bezaubernde Augen?

Sehhilfe gefällig?

Non cerno nisi prọxime admota./Ọculis non satis prospịcio.
Ich bin extrem kurzsichtig.

Longinqua contụeor nec prope quae admota sunt cerno.
Ich bin weitsichtig.

Perspicillo mihi opus est.
Ich brauch eine Brille.

Lentịculis utor.
Ich trage Kontaktlinsen.

Anatomie-Kurs

Diese Teile musst du kennen ...

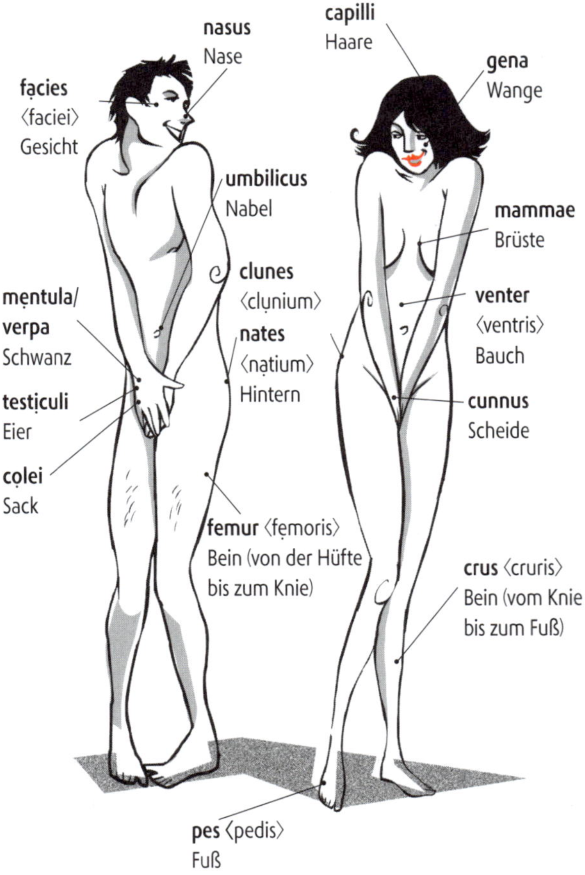

Ecken und Kanten

Est ...	Er/Sie ...
macilento ore.	hat ein mageres Gesicht.
nasutus/nasuta.	hat eine große Nase.
naso acuto.	hat eine spitze Nase.
naso adunco.	hat eine Adlernase.
auritus/aurita.	sieht aus wie Dumbo.
varus/vara.	hat O-Beine.
bucculentus/bucculenta.	hat dicke Backen.
breviculus/brevicula.	ist etwas klein geraten.
belle corpulentus/ corpulenta.	hat schwere Knochen.
sat ventriosus/ventriosa.	ist ziemlich dick.

Facies est tota obducta varis/lenticulis.
Mein Gesicht ist voller Pickel.

Faetet mihi anima.
Ich hab Mundgeruch.

Opus mi est, quo graveolentiam oris mulceam.
Ich brauche etwas gegen meinen Mundgeruch.

– **Dic amabo, an faetet anima eius?** Sag mal, hat er/sie Mundgeruch?
– **Fufae! Nauteam bibere malim quam illum/illam osculari.** Wäh!!! Da würd ich lieber aus dem Klo trinken als ihn/sie küssen!

Nautea ist das eklige Wasser, das sich in den Schiffsbäuchen sammelte.

– **An male olet?** Riecht er/sie denn schlecht?
– **Fufae. Hircum in alis habitare dịxeris.** Wäh, ja. Sein/ Ihr Achselschweiß stinkt wie die Pest.
Wörtl.: Man könnte meinen, ein Bock wohnt in seinen/ihren Achseln.

Hircosus iste vọmitum mihi paene excussit.
Bei diesem stinkenden Bock kam mir fast das Kotzen.

Ụngue te, ne hircum ọleas.
Sprüh dich ein, damit du nicht stinkst wie ein Schwein.

Ụbinam sunt unguenta?
Wo habe ich nur mein Parfüm?

Quid te unguentis ụnctitas?
Warum sprühst du dich immer so ein?

Mẹlius est statim me ụnguere.
Ich nehm lieber gleich mal ein bisschen Parfüm.

Facts

Im römischen Alltag waren Duftöle und -salben (*unguenta*), die den Zweck unseres Parfüms erfüllten, stets präsent. Man verwendete sie nach dem Aufstehen, in der Therme und beim Gelage; nicht einmal der Leichnam blieb verschont. *Unguenta* wurden aus verschiedenen Pflanzen hergestellt. Es gab z. B. Rosen-, Zypressen- und Krokusöl. Ganz besonders kostbar und sehr beliebt war das Öl der indischen Narde.

Igitt!

Eklige Ausdrücke für eklige Sachen

Pepedit.
Er/Sie hat einen gelassen.

Habet hercle inflationem magnam is cibus.
Mensch, das Zeug bläht vielleicht.

Aegre passus/passa est omnes in cacchinnos effundi.
Als alle zu lachen anfingen, war es ihm/ihr ziemlich peinlich.

Erubuit quam qui maxime.
Er/Sie wurde rot wie eine Tomate.

Omnes dissimulant.
Alle tun so, als hätten sie's nicht gemerkt.

Für Insider

Furzen erlaubt? Eine nette Geschichte wird über Kaiser Claudius erzählt: Der soll, als bei einem seiner Gelage einmal ein Gast gefurzt hatte und sich deshalb schämte, überlegt haben, ob er nicht offiziell „leise und laute Blähungen bei Tisch" (*flatum crepitumque ventris in convivio*) erlauben sollte.

„
– **Cave ructes!** Rülpse ja nicht!
– **Quidni ructem?** Wieso sollte ich nicht rülpsen?
– **Non decet.** Das tut man nicht.
– **Assis non facio quid deceat quidve minus.**
Es geht mir am Arsch vorbei, was man tut und was nicht.
"

Ạpage te cum faẹtidis rụctibus.
Hau doch ab mit deinem stinkenden Gerülpse!

Cola/cervẹsia mihi ructus movet.
Auf Cola/Bier muss ich immer rülpsen.

Quọmodo sternuentem Latine saluto? – Salve!
Was sage ich auf Latein, wenn jemand niest? – Gesundheit!

Facts

Wenn eine Claudia oder ein Marcus mal musste, dann benutzte sie bzw. er meist einen Nachttopf (*matella*) in der Wohnung. Nach dem Gebrauch wurde der Inhalt in ein Fass im Treppenhaus, oder – noch stressiger – auf einen Misthaufen in der Nähe des Wohnblocks geschüttet. Kein Wunder, dass das vielen etwas zu viel Aufwand war: Sie schütteten den Dreck einfach aus dem Fenster – sehr zum Leidwesen der Fußgänger.
Wer ein bisschen mehr Komfort wünschte, konnte für einen As (das entspräche heute ein paar Cent – nicht zu viel Kohle also) in die öffentlichen *latrinae* gehen. Da saß man dicht nebeneinander über den Löchern in einer Stein- oder Marmorplatte.
Was durch diese Löcher fiel, wurde über ein riesiges Kanalsystem auf mehr oder weniger direktem Wege in den Tiber gespült. Es war nicht unüblich, dass die Leute, die sich zum Geschäft versammelten, auch mal einen gemütlichen Plausch anfingen.
Eine kleine Anekdote: Der Dichter Lucan, der auf Kaiser Nero stinkesauer war, hatte einmal ein dringendes Bedürfnis und ging in eine *latrina*. Als dort ein Furz zu hören war, konnte er es sich nicht verkneifen und zitierte den Hobby-Dichter Nero:
„Fast so als ob es im Inneren der Erde donnerte". Weil ja Nero nicht gerade für seine Milde bekannt war, hauten alle anderen aus der *latrina* ab, weil sie fürchteten, der Kaiser könnte ihnen die Teilnahme an einem kaiserkritischen Treffen (bei dem seine geistigen Ergüsse verballhornt werden) übel nehmen.

Ibo cacatum/minctum.
Ich muss mal kurz groß/klein.

– **Potin' ut considas, cum meis? Ọdio atque taẹdio mihi est!** Mensch! Kannst du dich beim Pinkeln nicht mal hinsetzen? Das ist so eklig!
– **Vos muliẹrculae mihi ọdio estis, quae nostris invideatis mẹntulis.** Ihr Weiber, ihr ödet mich echt an mit eurem Penisneid.
– **O te inani supẹrbia virili tumentem. Exịgua est supẹrbiae causa, ut verum confịtear.**
Du bist so ein Scheißchauvi. Ehrlich gesagt hast du nicht so wahnsinnig viel Grund, stolz zu sein.
Das geht eher unter die Gürtellinie ... im wahrsten Sinne des Wortes.

– **Quonam iste dẹnuo ạbiit?** Wo ist er/sie denn schon wieder hin?
– **Ad requisita naturae secessit.** Er/Sie musste mal für kleine Jungs/Mädchen.

– **Quonam se duxit?** Wohin hat er/sie sich verdrückt?
– **Ad exonerandum ventrem iit.** Er/Sie ist kacken gegangen.

– **Emunge iam nares. Mucus fluit.**
Schneuz dich doch endlich. Der Rotz läuft dir schon aus der Nase.
– **Cạreo sudạrio.**
Ich hab aber kein Taschentuch.

Für Insider

Nachdem Klos in Rom eher Mangelware waren, verwundert es nicht, wenn so mancher an öffentlichen Orten seinem Bedürfnis freien Lauf ließ. Begeistert waren die Be- bzw. Getroffenen davon natürlich nicht. Sie versuchten sich durch entsprechende Verbotsschilder zu wehren. Eines davon trug z. B. folgende Aufschrift:
QVI MIXERIT AVT CACARIT, HABEAT DEOS SVPEROS ET INFEROS IRATOS.
Wer hier pinkelt oder kackt, dem sollen die Götter des Himmels und der Unterwelt zürnen.
Wer würde es nach so einer Drohung denn noch wagen?

Mies drauf?

Du fühlst dich krank? Sag's ruhig ... vielleicht tröstet dich ja jemand!

Tanta sum destillatione oppressus/oppressa, ut loqui vix possim.
Ich hab so nen Wahnsinnsschnupfen, dass ich kaum sprechen kann.

O me miserrimum/miserrimam, qui/quae misere maceror ventris doloribus.
O ich Allerärmster/Allerärmste. Mir machen meine Bauchschmerzen übelst zu schaffen.

Eheu! Non multum abest, quin capitis dolore consumar.
Auuu! Ich vergehe fast vor Kopfschmerzen.

Nonne me consolaris?
Willst du mich nicht trösten?

Bist du das Opfer solcher Jammereien, kannst du dem Spuk schnell ein Ende machen:

Satisne tu sanus/sana, obsecro?
Sag mal, geht's noch?

Quid queṛeris/lamentaris/eịulas?
Was jammerst du denn so rum?

Nonne te pudet gẹmere, eiulare, lamentari?
Schämst du dich nicht, so rumzustöhnen und zu jammern wie sonst noch was?

Potịn' ut dẹsinas?
Könntest du mal damit aufhören?

Ah, pergisne?
Du hörst noch immer nicht auf?

Iam iam dẹsino.
Ja, ja, ich hör schon auf.

Im Bad

Lateinisches Vokabular für die Nasszelle

Vae mihi. Non perlụitur sella familiạrica.
Fuck. Die Klospülung geht nicht.

Opus est ut lavem.
Ich brauch n Bad.

Pisces credo minus diu lavare quam hic/haec lavat.
Der/Die braucht ja ewig im Bad!
Wörtl.: Ich glaube, Fische baden nicht so lange wie er/sie.

– **Tune iam dentes defricuisti?**
Hast du dir die Zähne schon geputzt?
– **Nondum defrịcui. Nusquam dentifrịcium invenire pọtui.**
Noch nicht. Ich hab keine Zahnpasta gefunden.

Für Insider

Zahnpasta selbst gemacht! Ganz so eng wie wir sahen es die Römer mit der Mundhygiene noch nicht: Sie spülten sich nach dem Aufstehen kurz mit einem Glas Wasser den Mund aus – und das war's dann oft auch schon. Es gab aber auch schon eine Art Zahnpasta, das *dentifrịcium*. Diese wurde mit Hilfe der Finger aufgetragen und versprach weiße und gesunde Zähne. Die Rezepturen der *dentifrịcia* sind ganz schön seltsam: So galt z. B. die Asche eines Hasenschädels vermischt mit Nardenöl als wirksames Mittel gegen Mundgeruch. Für verschiedene andere Zwecke wurde auch die Asche anderer Tiere empfohlen. So mancher soll auch seinen Urin zur Zahnpflege verwendet haben. Es gab aber auch appetitlichere Mittel. Hier zum Nachkochen ein Rezept des Scribonius Largus:
„Zahnpasta für kräftige und strahlend weiße Zähne: Essig mit Honig mischen, damit 350 Gramm Mehl benetzen und kräftig durchkneten. Anschließend sechs kleine Kugeln formen, diese flachdrücken und eine kräftige Prise Salz hinzugeben. Dann im Ofen kochen, bis sie zu Asche werden. Hierauf die Kugeln zerreiben und je nach gewünschter Duftintensität Ähren der Narde untermischen. Dies hat auch schon Augustus' Schwester Octavia benutzt." Na dann muss es ja klappen mit den weißen Zähnen!

Crines nịmium sunt convoluti et implicati. Dolorem mihi fạcio, dum pecto.
Meine Haare sind so zerzaust und durcheinander. Es tut mir weh, wenn ich mich kämme.

Cincinnos sibi crispat (calamistro).
Sie dreht sich gerade Locken (mit dem Lockenstab).

Solesne uti instrumento rasọrio an novạcula?
Benutzt du Elektrorasierer oder Nassrasierer?

Novạcula rado barbam.
Ich rasiere mich nass.

Iam dudum barbam non totondisse videris.
Du siehst aus, als hättest du dich schon lange nicht mehr rasiert.

Dẹdecet te barbam capillumque summịttere.
Es steht dir nicht, wenn du dir den Bart und deine Haare wachsen lässt.

Tune crura vellis an radis?
Epilierst du dir die Beine oder rasierst du sie?

Vidẹn' ut supercịliis vulsis ạmbulet?
Siehst du, wie der/die daherkommt mit seinen/ihren gezupften Augenbrauen?

Vulsella scin' ubi sit? Velim supercịlia vẹllere.
Weißt du, wo die Pinzette ist? Ich möchte mir gern die Augenbrauen zupfen.

Defecit lomentum/charta purgatọria.
Die Seife/Das Klopapier ist ausgegangen.

Ụbinam sunt mantẹlia?
Wo sind denn die Handtücher?

Velim ụngues recịdere. Sed forfịculis cạreo.
Ich möchte mir meine Nägel schneiden, habe aber keine Schere.

Saepe in spẹculum inspexi. Statụere non pọtui quid de capillis fạcerem.
Ich habe mich lange im Spiegel angesehen. Was ich mit meinen Haaren machen soll, weiß ich immer noch nicht.

Piget me in spẹculo videre.
Ich kann mich einfach im Spiegel nicht ansehen.

Est in cọrporis cura morọsior quam ut pati possim.
Ich kann es nicht ab, wie eitel der ist.

Nịmius/nịmia es in cọrporis cultu./Circa cọrporis cultum morọsior es.
Du übertreibst etwas mit deiner Körperpflege.

9 TECHNIK, TECHNIK

Möchtest du wissen, wie du auf Latein telefonierst oder mailst? Dann bist du in diesem Kapitel genau richtig!

Lerne die nötigen Ausdrücke, um

- zu telefonieren
- einen Computer zu bedienen
- E-Mails zu schreiben

Telefon

So klingelst du Leute an!

Appella me, quaeso, et enarra ọrdine ọmnia.
Ruf mich heute Nachmittag an und erzähle mir alles der Reihe nach.

Fiet.
Gebongt./Geht klar.

Tintinnat telephonum!
Das Telefon klingelt!

Cur non respondetis?
Geht endlich mal wer ran?

Heus, ecquis hic est?
Hallo? Wer ist dran?

Quis lọquitur?
Wer ist dran?

Adestne Corinna?
Ist Corinna da?

Mane parumper, iam arcessam.
Warte kurz, ich hol ihn/sie.

Sed haec coram.
Aber das besprechen wir dann, wenn wir uns sehen.

– **Nuntịolum mihi mitte!** Schick mir eine SMS!
– **Fịeri non pọterit, non mihi est gestạbile.**
Geht nicht, ich hab kein Handy.

Postea, sis, me denuo appella.
Ruf mich später nochmal an.

Qui est numerus tuus?
Was hast du für eine Nummer?

Wenn du genug gelabert hast, kannst du Folgendes sagen:

Mi abeundum est.
Ich muss gehen.

Me vocant. Necesse est abeam.
Sie rufen nach mir. Ich muss gehen.

Quid si cras denuo colloquamur?
Wie wär's, wenn wir morgen noch einmal telefonieren würden?

Facts

Die Römer hatten's noch reichlich schwer mit der Kommunikation. In einer Zeit, als an E-Mail oder Post im großen Stil noch nicht zu denken war, hielten sich die Damen und Herren der höheren Schichten eigens Sklaven bzw. Freigelassene (*tabellarii*), denen sie ihre Briefe (*litterae, epistula*) in die Hand drückten und die dann quer durchs Imperium zum Adressaten oder zur Adressatin liefen und den Brief dort abgaben. Meist warteten sie dort, um gleich mit einer Antwort wieder zu ihrem Herrn oder ihrer Herrin zurückkommen zu können. Flink waren sie auf alle Fälle, diese *tabellarii*. Sie konnten, wenn sie gut drauf waren, an einem Tag bis zu 90 km zurücklegen.
Eine organisierte „Post" richtete erst Augustus ein. Dieser *cursus publicus* beförderte allerdings nur offizielle Schreiben.

Computerwelt

Wie sieht's mit deinem Equipment aus?

pạgina interretialis
Internetseite

(instrumentum) scansọrium
Scanner

cọpula/nexus
⟨nexus⟩ Link

album (visịficum)
Bildschirm

gremiale
⟨gremialis⟩
Laptop

pinnae
Tastatur

mus ⟨muris⟩
Maus

computatọrium
Computer

(instrumentum) impressọrium
Drucker

Computersprache

Und jetzt ran an die Kiste!

Accende computatọrium.
Fahr den Rechner hoch.

Licetne tuo compuatọrio cum rete coniungar?
Kann ich mit deinem Rechner ins Netz?

Licetne videre num quịspiam ad me scrịpserit?
Kann ich kurz meine Mails checken?

Licetne rem quandam e rete detrạhere?
Darf ich was runterladen?

Fenestra non aperitur.
Das Fenster lässt sich nicht öffnen.

Hanc pinnam tange.
Klicke auf diesen Button.

Imprudens hanc fenestram clausi.
Ich hab aus Versehen dieses Fenster geschlossen.

Vae mi, ọmnia delevi.
Fuck. Ich hab alles gelöscht.

Nonne in họrreo posuisti?
Hast du es nicht gespeichert?

Tota haec res dẹnuo mihi scribenda est.
Ich muss alles nochmal neu schreiben.

Saepịssime collọquia per rete sero cum amicis.
Ich chatte oft mit meinen Freunden.

Facts

Obwohl sich die Römer mehr auf ihr Gedächtnis verlassen konnten und mussten als wir heute, verwendeten auch sie nicht selten Gedächtnisstützen, modern gesprochen: Speichermedien. Das verbreitetste waren ohne Zweifel die Wachstäfelchen (*tạbulae ceratae*). Es handelte sich hierbei um Holztäfelchen, die mit Wachs überzogen waren. In dieses Wachs konnten mit einem Griffel (*stilus*) bequem Notizen gemacht werden, die, wenn sie nicht mehr benötigt wurden, wiederum recht leicht gelöscht werden konnten. Diese Wiederverwendbarkeit machte die Wachstafel zu einem günstigen und bequem zu handhabenden Speichermedium. Für längere Aufzeichnungen (z. B. längere Briefe oder Bücher) wurde Papyrus – seltener Pergament – verwendet, auf den mit einer Schreibfeder aus Schilfrohr (*cạlamus*) und Tinte (*atramentum*) geschrieben wurde. Wollten sie Informationen für die Ewigkeit bewahren, so verwendeten die Römer wohl eines der besten Speichermedien: den Stein.

Mailen auf Lateinisch!

Schreib deinen Freunden eine lateinische Mail ... sie werden staunen!

Misi iam epịstulam electrọnicam.
Ich hab die E-Mail schon verschickt.

Iamne accepisti epịstulam electrọnicam, quam ad te dẹderam?
Hast du die E-Mail schon bekommen, die ich dir geschickt hab?

Per lịtteras cum Ioanna quam saepịssime cọlloquor.
Ich hab recht intensiven Mail-Kontakt mit Johanna.

Und so geht's: Das Wichtigste für deine erste lateinische Mail:

Ioannes Franciscae salutem dicit.
Liebe Franziska!
Wie du siehst, kommt im lateinischen Brief auch der Name des Absenders vor. Wörtlich heißt die Grußformel: Johannes sagt Franziska einen Gruß.

S.V.B.E.E.V. (Si vales bene est, ego vạleo.)
Wenn's dir gut geht, schön, mir geht's gut.

Suntne tibi allatae lịtterae, quas haud ita pridem ad te mịseram?
Hast du meine letzte Mail erhalten, die ich dir vor Kurzem geschickt habe?

Ex lịtteris tuis incredịbilem cepi voluptatem.
Ich hab mich unglaublich über deinen Brief gefreut.

Quando nos invises?
Wann kommst du uns denn endlich mal besuchen?

Tu ad me velim lịtteras crẹbrius mittas.
Du könntest mir ruhig etwas öfter schreiben.

Mitto tibi exemplum earum litterarum, quas ad Corinnam misi.
Anbei eine Kopie der Mail an Corinna.

Lịtteras, quas ad cauponem de convịvio nostro dẹderam, infra tibi perscripsi.
Die Mail an den Wirt wegen unserer Party hab ich angehängt.

Meo nọmine salvere iube Ạngelam!
Grüß Angela von mir!

Si vis nos valere, cura, ut vạleas!
Viele liebe Grüße!
Wörtl.: Willst du, dass es uns/mir gut geht, schau, dass es dir gut geht.

Tu nos fac ames!
Liebe Grüße.
Wörtl.: Du mach, dass du uns liebst.

Multum te amamus.
Liebste Grüße.

Vale!/Vale plụrimum!
Gruß./Viele Grüße.

KLATSCH und TRATSCH

10

Möchtest du ein bisschen lästern? Wie du ...

- über gute und nicht so gute Kumpels sprichst
- Geheimnisse ausplauderst oder für dich behältst
- jemanden so richtig beleidigst

Dicke Freunde

Möchtest du über Kumpels und andere Bekanntschaften reden? So geht's ...

Novịstine Christinam?
Kennst du Christina?

Quịppini nọverim?
Klar.

Intus et in cute eum/eam novi.
Ich kenne ihn/sie in- und auswendig.

Homo frugi est.
Der Kerl/Die Type ist ganz in Ordnung.

Est dignus/digna, quicum in tẹnebris mices.
Der/Die ist absolut in Ordnung. Du kannst ihm/ihr blind vertrauen.
Wörtl.: ..., du kannst mit ihr/ihm im Dunkeln „Schere-Stein-Papier" spielen (micare).

Probus/Proba est et frugi bonae.
Er/Sie ist voll o.k.

Est ọbvius et expọsitus plenusque humanitate.
Er ist entgegenkommend, offen und sehr nett.

Forte ịncidi in Mạrium, mel ac delịcias tuas.
Ich hab zufällig deinen Busenkumpel Marius getroffen.

Hạbeo eam in delịciis.
Ich hab sie wirklich gern.

Petrum in ọculis fero.
Ich hab Peter total lieb.

Amo eam.
Ich finde sie ganz nett.
„Amare" heißt nicht nur „lieben", sondern auch „nett finden".

Ein ätzender Typ!

Wenn dir jemand richtig auf die Nerven geht ...

Nostine istụnc nebulonem?
Kennst du den aufgeblasenen Typen dort?

Rogare mirum est: Pọpuli ọdium quidni nọverim?
Du stellst Fragen. Wieso sollte ich diesen Kotzbrocken nicht kennen?

Crassa est Minerva.
Er/Sie ist so plump.

Non valet lọtium suum.
Er ist eine totale Pfeife.
Er/Sie ist seinen/ihren Urin nicht wert.

Ne vitam conchae agit.
Er/Sie ist vielleicht ein Stubenhocker.

Prisca ei sunt supercịlia.
Er/Sie ist total konservativ.
„Supercilium" heißt Augenbraue. Das Wort wurde auch benutzt, um Überheblichkeit, Arroganz oder Strenge zu bezeichnen.

Parthis mendạcior est.
Er/Sie lügt wie gedruckt.
Weil die Parther angeblich oftmals Waffenstillstand versprochen hatten, dann aber nichts mehr davon wissen wollten und angriffen ...

Inflat se tamquam rana.
Er spielt sich total auf.
Wörtl.: Er bläst sich auf wie ein Frosch.

Faẹceis mọribus est.
Er hat wirklich ein Scheißbenehmen.

Molestus mihi est.
Er ist lästig.

Odiosịssima est.
Sie nervt gewaltigst.

Klatsch und Tratsch

Tratschen und quatschen auf Latein? Kein Problem!

Scin' quid heri accịderit?
Hast du schon gehört, was gestern passiert ist?

Ẹnecas me mịserum/mịseram!
Spann mich nicht auf die Folter!

Sẹntio et sụbolet mihi quid dicturus/dictura sis.
Ich ahne schon, was du sagen willst.

O nụntii beati!
Das sind aber super Neuigkeiten!

Ain' tu?
Wirklich wahr?/Meinst du?

Cedo, quid rides?
Sag mal! Warum lachst du so?

Ẹxcidit nomen mihi.
Ich hab den Namen vergessen.

Latet intra labra atque dentes.
Er liegt mir auf der Zunge.

> – **Iamne audisti Lisam Marcum repudiasse?**
> Hast du schon gehört? Lisa hat sich von Mark getrennt.
> – **Quid ais? ... Bene eis esse videbatur ... quare repudiavit?**
> Was? Nein. Es schien ja so gut zu laufen zwischen den beiden. Wieso hat sie ihn verlassen?
> – **Mihi in promptu causa est: Ạliam amat.**
> Für mich ist das klar: Er hat ne andere.

Wenn die News doch nicht sooo spannend sind, solltest du das ruhig sagen – und zwar so:

Quin tu istas mittis tricas?
Wieso hörst du nicht endlich auf mit diesem Blödsinn?

Quid ei factum sit, quid ad me?
Was ihm/ihr passiert ist, geht mir am Arsch vorbei.

Non assis fạcio./Non magni pendo.
Das ist mir egal.

Top Secret

Damit Vertrauliches auch wirklich unter euch bleibt ...

Cave ne quicquam effụtias.
Pass bloß auf, dass du nichts ausplauderst.

Arcano tibi ego hoc dico, ne ạlius quisquam ex te sciat.
Das sage ich jetzt nur dir. Dass es ja sonst niemand erfährt!

Secreto hoc audi, tecum habeto.
Das soll unter uns bleiben, behalt es für dich.

Hoc soli tibi dictum puta.
Das bleibt unter uns, o.k.?

Secreto tecum loqui volo.
Ich möchte mit dir unter vier Augen sprechen.

Crede audacter quịdlibet.
Mir kannst du alles anvertrauen.

Omnis secreti sum capacịssimus/capacịssima.
Mir kannst du alles anvertrauen.

Cave ne quae ei arcana committas! Plenus/Plena rimarum est.
Vertraue ihm/ihr ja kein Geheimis an! Er/Sie kann nichts für sich behalten.
Wörtl.: Er ist voller Ritzen.

Lügengeschichten?

Du lässt dir nicht so leicht einen Bären aufbinden? Sag's auch ...

Cave mihi mendaci quicquam (dicas).
Lüg mich ja nicht an!

Proịn tu ạlium quaeras cui centones sạrcias.
Such dir doch einen anderen, den du verarschen kannst.

Fạbulae!/Tricas!/Logi!/Nugas!
Ach Schwachsinn!
Kurz und bündig!

So kannst du deine Glaubwürdigkeit steigern:

Parvamne mihi fidem arbitraris?
Du glaubst mir nicht?

Lụdere me putas?
Glaubst du, ich scherze?

Non Apọllinis magis verum atque hoc responsum est.
Das stimmt hundertprozentig.

Sẹrio dico.
Das sage ich im Ernst.

Factum, non fạbula.
Wirklich, so war's.

– **Istục non credo tibi.** Das glaube ich dir nicht.
– **Duobus hisce ọculis meis vidi.** Ich hab's mit eigenen Augen gesehen.

Ablästern!

Zu viel ist zu viel ... Lass Dampf ab und lästere los!

Franciscus est ...	Franz ...
merus ostentator.	ist ein reiner Angeber.
gloriosus.	ist ein Aufschneider.
gạrrulus.	ist ein Quatschkopf.
malẹvolus.	ist blöd und gemein.
lịvidus.	platzt vor Neid.
mordax.	hat eine spitze Zunge.
fạtuus.	ist ein Idiot.
insulsus.	ist ein Dummkopf.
tardus.	hat n Brett vorm Kopf.
periurus/mendax.	ist verlogen.

Lisa ...	Lisa ...
vendit fumos.	macht sich immer etwas wichtig.
non facit pili amicos.	schert sich einen Dreck um ihre Freunde.
est prime cata.	hat's faustdick hinter den Ohren.
est nequam.	ist zu nichts zu gebrauchen.
est iurgiosa.	ist richtig streitsüchtig.
est malae linguae.	ist ein Lästermaul.

Wörtl.: von schlechter Zunge. Mit der Mehrdeutigkeit des Ausdrucks spielte man damals gern!

O quanta spẹcies cẹrebrum non habet!
Er/Sie sieht zwar geil aus, ist aber dumm wie Brot.

Numquam ego te tam esse mạtulam crẹdidi.
Ich hätte nie gedacht, dass du so eine Pfeife bist.

Wut im Bauch?

Stinksauer? So kannst du dich austoben ...

Dedisti mihi verba!
Du hast mich verarscht!

Quid ais, propụdium?
Was sagst du da, du Dreckskerl?

Cọlaphis hercle tuum caput dilidam, nisi is in malam crucem. !
Wenn du dich nicht gleich verpisst, dann gibt's richtig was aufs Maul!

Pugno malam tibi percụtiam.
Ich werde dir ordentlich eine aufs Maul hauen.

Hercle vero vapulabis!
Jetzt setzt's gleich was!

Id non impune feres!
Du kommst mir nicht ungeschoren davon!

Lạtera fạciam ut vạlide vạria sint.
Ich werde dich grün und blau schlagen.

Pluris eius est ụnguis quam tu totus es.
Im Vergleich zu ihm/ihr bist du ein Niemand.
Schon sein/ihr Fingernagel ist mehr wert als du im Ganzen.

Dagegenhalten könntest du z. B. so ...

In rutae fọlium te conịciam.
Dich rauche ich doch in der Pfeife.

Non ego te flocci fạcio.
Du kannst mich mal.

Unzensiert

Man war damals ganz schön erfinderisch, was das Schimpfen angeht. Eine kleine Liste von Wörtern, die du nicht jedem/jeder an den Kopf werfen solltest:

Vappa! Du Niete/Null!
Wörtl.: Umgeschlagener Wein.
Vẹrbero! Mistkerl!
Scurra! Quatschkopf!
Blạtero! Dummschwätzer!
Lurco!/Hẹlluo!/Gạneo! Fresssack!
Moecha! ❗ Schlampe!
Est scortum/scortillum! ❗ Sie ist n Flittchen.
Cạrnifex! Du dreckiger Hund!
Wörtl.: Henker!
Mastigia! ❗ Dreckskerl!
Lustro! ❗ Du Puffnudel!
Trium litterarum homo! Du Prolet!

Unzensiert

Auf zum Gegenangriff!

Di (deaeque omnes) te perduint.
Fick dich!
Im Lateinischen viel „religiöser": Die Götter sollen dich verderben!

I dierectus/dierecta. !
Zum Teufel mit dir.

Quin tu suspendis te? !
Ach, leck mich.
Wörtl.: Wieso hängst du dich nicht auf?

Facts

Getratscht und gemunkelt wurde viel in Rom: beim Einkaufen, beim Arzt, beim Frisör ... egal wo. Es gab sogar so etwas Ähnliches wie unsere Klatschpresse: Es wurden sogenannte *acta diurna* aufgestellt, wo alles von Belang und Interesse – und da gehörte der Klatsch auf alle Fälle dazu! – draufstand. Neben offiziellen Verlautbarungen wurden Antworten gegeben auf z. B. folgende Fragen: Welcher Schauspieler wurde von der Bühne gejagt, wer hat ins Gras gebissen, welche Gladiatoren haben sich in der Arena die Köpfe eingeschlagen ... und viele andere „wichtige" Sachen. Natürlich durften auch die News über die Royal Family nicht fehlen!

Komm runter!

Musst du einen Kumpel wieder zur Besinnung bringen ... oder geht's um deine Gesundheit? Folgende Sätze können helfen ...

Desine iam irasci!
Komm, jetzt reg dich nicht so auf!

Nemo nostrum non peccat. Homines sumus, non dei.
Jeder macht Fehler. Wir sind ja auch nur Menschen.

Agite scordalias de medio.
Jetzt hört auf mit der Streiterei.

Halt's Maul!

Geht dir jemand auf den Wecker? Sag's ihm oder ihr!

Tace nunciam tu.
Jetzt ist mal Ruhe.

Nugas blatis.
Du schwafelst dummes Zeug.

Aufer nugas, quaeso.
Hör bitte mit dem Blödsinn auf!

Tu hercle linguam comprime.
Du hältst jetzt verdammt noch mal dein Maul.

Etiam muttis?
Du bist noch immer nicht still?

Iam tacebo.
Ok. Ich halt jetzt meinen Mund.

Oculum ego ecfodiam tibi, si verbum addideris.
Ein Wort noch, dann setzt's was!
Wörtl.: ... dann kratz ich dir ein Auge aus.

Verschwinde!

Wenn du jemanden loswerden willst, dann bediene dich aus der folgenden Liste. Zu höflich bist du damit sicher nicht!

Proinde hinc vos amolịmini: nam impedimento estis mihi.
Macht euch vom Acker, ihr seid mir im Weg.

Ạpage te fetorem extremae latrinae!
Weg mit dir, du Widerling!
Wörtl.: ... du Gestank des hintersten Klos!

Abi in malam rem!/Abi in malam crucem!/Abi in malum cruciatum!
Scher dich zum Teufel!

Aufer te domum, abscede hinc!
Weg mit dir, hau ab!

Ạpage te a me!
Bleib mir bloß vom Leib!

Molestus/molesta ne sis.
Nerv nicht!

Trostpflaster

Geht's deiner Freundin oder deinem Freund gerade nicht so gut? Dann versuch's mal damit ...

Quaeso, ạnimum ne desponde.
Komm, nicht verzweifeln.

Bonum habe ạnimum.
Kopf hoch.

Habe bonum stọmachum.
Cool bleiben.

ESSEN 11

Zieh's dir rein, aber nimm
den Mund nicht zu voll ...

- Mordshunger und Scheißdurst
- Wahnsinnig gut oder zum Kotzen
- Zum Platzen voll ...

Hunger? Durst?

So kommst du an Futter:

Fame excrụcior.
Ich bin am Verhungern.

Esurire mihi videris.
Du siehst aus, als hättest du Hunger.

Ạliquid prius obtrudamus.
Lasst uns vorher einen Happen essen.

Siti ẹnecor.
Ich hab wahnsinnigen Durst.

Siti sum siccus/sicca.
Ich bin total ausgetrocknet.

Ein Königreich für ... eine Portion Pommes!

Sag ruhig, wofür du eine Schwäche hast.

Qui cibi mạxime tibi placent?
Was ist dein Lieblingsessen?

Pẹrplacent ...	Sehr gut schmeckt/schmecken mir ...
acetạria.	Salat.
poma.	Obst.
ọlera.	Gemüse.
pisces.	Fisch.
carnes.	Fleisch.
tomạcula.	Bratwürste.
bellạria.	Süßigkeiten.
poma fricta.	Pommes Frites.

Pẹrplacent ...	Sehr gut schmeckt/schmecken mir ...
placentae Neapoletanae.	Pizza.
Itạlica/Tụrcica/ Graeca/Sinẹnsia.	italienische/türkische/griechische/chinesische Küche.

Amor mihi est pro cibo.
Ich lebe von Luft und Liebe.

Quid bịbere vis?
Was willst du trinken?

... volo.	... möchte ich.
Aquam	Wasser
Colam	Cola
Sucum arạnciae/ cẹrasi/mali	Orangensaft/ Kirschsaft/Apfelsaft
Cervẹsiam	Bier
Vinum (rubrum/album)	Wein (rot/weiß)
Poscam	Limo
Theam	Tee
Cọffeam	Kaffee

Facts

Die Römer kannten nicht allzu viele verschiedene Getränke. *Das* Getränk war der Wein, der oft schon zum Frühstück gebechert wurde und von dem man sich im Alten Rom täglich fast einen Liter hinunterkippte. Der Vollständigkeit halber muss dazugesagt werden, dass der Wein nur verdünnt getrunken wurde. Wer Wein pur trank, der war gleich als Alki verschrien. Für besondere Zwecke wurde der Wein auch gewürzt (z. B. mit Pfeffer oder Honig).
Ein weiteres – ausnahmsweise nicht alkoholisches – Getränk war die *posca*, ein Gemisch aus Wasser und Essig, das billig und somit vor allem für die unteren Schichten interessant war.

Köstlich oder zum Kotzen?

So sagst du, ob's schmeckt

Bịbimus vinum ọptimae notae.
Wir hatten nen eins a Wein.

Hic ọmnia ita cọndiunt, ut nihil possit esse suạvius.
Es schmeckt super, wie die hier alles zubereiten.

Hic assum estur insanum bene.
Der Braten schmeckt hier verdammt gut.

– **Ecquid libet?** Schmeckt's?
– **Libet. Iucundịssime sapit!** Ja. Das schmeckt super!

Cena nobis fuit ...	Wir hatten ein ... Abendessen.
bona atque magna.	gutes und reichliches
opima/opịpara.	üppiges
lauta.	tolles
iucunda.	lustiges
abundantịssima/ largịssima.	riesiges
parca.	bescheidenes

Schmeckt's dir nicht?

Fufae! Taetẹrrimos sapore vilissimosque cibos!
Das ist doch der größte Drecksfraß!

Mịnime sapit.
Das schmeckt überhaupt nicht.

Num carne non vẹsceris?
Bist du etwa Vegetarier/Vegetarierin?

Quịppini. Piget enim bẹstias vexari et caedi nullam ạliam ob causam nisi ut hạbeam quod cọmedam.
Natürlich. Ich mag nicht, dass Tiere leiden und sterben müssen, nur damit ich was zu essen hab.

Comederesne copạdium, si centum tibi darem nummos?
Würdest du ein Schnitzel essen, wenn ich dir dafür 100 € geben würde?

Non comẹderem, non si me occidisses.
Nicht ums Verrecken würde ich es essen.

Fạcile abstịneo carne.
Auf Fleisch kann ich leicht verzichten.

Facts

Die Essgewohnheiten der Römer unterscheiden sich von den unseren beträchtlich. Zum Frühstück (*ientạculum*) gab's nur einen Happen Brot, das man mit etwas Honig oder in Wein getaucht aß. Dazu nahm man einen Schluck Wasser oder Wein. Als *prạndium* (Mittagessen, eigentlich wäre die Bezeichnung „zweites Frühstück" passender) gab es einen Imbiss, der aus Brot, Käse, Obst, Oliven und Ähnlichem bestand. Am Nachmittag – nach getaner Arbeit und nach dem obligaten Bad – ließen es die Römer bei der *cena* so richtig krachen. Da traf man sich bei einem Bekannten oder Freund und aß und aß und aß ... Die *cena* bestand aus mehreren Gängen, begann mit gekochten Eiern, ging über die raffiniertesten Fleisch- und Gemüsevariationen und endete beim Obst. Wer dann glaubte, zwar genug gegessen, aber zu wenig getrunken zu haben, der konnte auf die *cena* die *comissạtio* folgen lassen.
Für Menschen aus ärmeren Schichten (und solche gab es zuhauf!) sah das Leben auch kulinarisch bescheidener aus. Viele hatten in ihren Behausungen keine Kochmöglichkeit und holten sich ihr mehr oder weniger gutes Essen in einer Kneipe um die Ecke. *Das* Gericht des einfachen Mannes war ein Brei aus Wasser und zerstampftem Getreide: die *puls*.

Tischlein deck dich!

Ran an die Löffel …

Ẹxstrue, quaeso, mensam!
Deck bitte den Tisch!

Pone in mensa …	Leg/Stell … auf den Tisch.
instrumenta escạria.	das Besteck
cultros.	Messer
fuscịnulas.	Gabeln
cochleạria.	Löffel
catinos.	Teller
mappas.	Servietten
lagoenam.	die Flasche
cỵathos.	die Gläser
cibos.	das Essen

Ab ins Restaurant!

Selber zu kochen und alleine zu essen ist ja schließlich etwas öde.

Quo imus ad prạndium?
Wo sollen wir zum Mittagessen hingehen?

Levem et fạcilem cibum sumam. Non esụrio.
Ich werde nur was Leichtes nehmen. Ich hab keinen Hunger.

Iussi duo pọcula cervẹsiae afferri.
Ich hab zwei Bier bestellt.

Odiose cessas!
Verdammt noch mal, was trödelst du so?

Quin datis, si quid datis?
Wird's bald? Bekomme ich heute noch was?

Pro̩pera. Pra̩ndium corru̩mpitur.
Beeil dich, das Essen wird kalt.

Caupo/Copa, computemus!
Ober/Bedienung, die Rechnung bitte!

Überfressen

Alles hat ein Ende ... sogar der Hunger.

Facts

Sich vollstopfen bis zum Kotzen war ein Luxus weniger. Die meisten Römer mussten froh sein, überhaupt ausreichend zu essen zu finden. Bei den der Genusssucht verfallenen reichen Römern sah das anders aus. Über sie sagt der Philosoph Seneca: *vomunt, ut edant, edunt, ut vomant – sie kotzen, um zu essen, und essen, um zu kotzen.* Er spricht hier ganz konkret die Unsitte an, sich während der üppigen *cena* mit Hilfe einer Feder oder lauwarmen Wassers das ein oder andere Mal wieder Platz im Magen zu schaffen.

Heri la̩rgius te invitasti.
Du hast dich gestern etwas überfressen.

Cibo te infersisti, gurges!
Du hast dich ja ordentlich vollgefressen, du Vielfraß.

O̩mnia, quae appo̩sita erant, a̩vide obtrusit.
Alles, was auf dem Tisch stand, hat er sich gierig reingestopft.

Libet Philippum cibo plu̩rimo referciri.
Philipp liebt es, sich vollzustopfen.

Ingurgitabo me ad vo̩mitum.
Ich werde mich vollstopfen/volllaufen lassen, bis ich kotze.
„Ingurgitare" ist für essen und trinken gleichermaßen zu benutzen. Hauptsache viel!

Eheu! Lạrgiter me invitavi.
Oje ... ich hab's wohl etwas übertrieben.

Edacitate nulli es secundus/secunda.
Was das Fressen angeht, macht dir keiner so schnell was vor.

> – **Quis est quin sciat te multi cibi esse?**
> Das weiß doch jeder, dass du ein Vielfraß bist.
> – **Nugas blattis. Mịnime sum edax, etsi fạteor me quibusdam cibis delectari quam qui mạxime.**
> Ach, Blödsinn. Ich bin nicht gefräßig. Aber zugegeben, manchmal schmeckt's mir saugut.

Essprobleme

Was kriegst du nicht runter?

Lac non facit ad valetụdinem.
Ich vertrage Milch nicht.

Ubi malum edi, contịnuo oriuntur pụstulae toto cọrpore.
Immer wenn ich einen Apfel esse, krieg ich gleich nen Ausschlag.

Tịmeo iam tibi, qui/quae nihil ferme cọmedas.
Langsam machst du mir Angst. Du isst ja nichts.

Opportuno macilẹntior videris.
Du siehst aus, als wärst du magersüchtig.

NACHTLEBEN 12

Lust, einmal auf Latein einen draufzumachen?

- Partyvokabular
- Vorsicht Bullen!

Auf zum Abfeiern!

Mit diesen Wörtern kannst du die Nächte durchmachen ...

Eamus comissatum!
Auf zum Partymachen!

Comissatum omnes venitote ad Danielem!
Kommt heute alle zu Dani zum Abfeiern!

Quam cauponam adeamus?
In welche Kneipe sollen wir gehen?

Eamus per tabernas!
Machen wir ne Kneipentour!

Ist die Party doch nicht so toll?

Male me hic taedet convịvii.
Mensch, diese Party ist stinklangweilig.

Für Insider

Rom bei Nacht – da hätte man in der Antike weniger gesehen, als das heute der Fall ist. Man bedenke: Damals gab es noch keine Straßenbeleuchtung, keine auf die Sehenswürdigkeiten gerichteten Scheinwerfer, keine mittels Elektrizität in romantisches Licht getauchten Straßencafés. Vielmehr soff sich die Unterschicht in von Öllämpchen verrauchten Kneipen (*popinae*) das triste Leben schön, die ein oder andere dunkle Gestalt verschwand in einem der vielen Bordelle, die *vịgiles nocturni*, eine Art Nachtpolizei, zogen durch die Gassen, der Römer aus gehobenerem Kreise kehrte in Begleitung einiger Sklaven von einem Abendessen bei einem Freund zurück, von irgendwo hörte man eine Gruppe von jungen und angetrunkenen Römern durch die Gassen ziehen. Und wenn man lange genug suchte, fand man auch einen jungen römischen Dichterling, der vor einer verschlossenen Türe seiner angebeteten Dame ein Ständchen darbrachte in der Hoffnung, die Nacht nicht alleine verbringen zu müssen ...

– **Quae primum abeundi facultas data erit, utemur.** Sobald's irgendwie geht, hauen wir ab.
– **Fiat. Geratur mos tibi.** Ok, wie du meinst.

Eamus deambulatum.
Gehen wir doch noch ein wenig spazieren.

Facts

Alles andere als romantisch waren Spaziergänge bei Mondschein! Wer in der Antike bei Nacht noch durch die Straßen ziehen wollte, der tat gut daran, sich sein Vorhaben zweimal zu überlegen. So mancher Übeltäter lauerte in den dunklen Gassen auf ein Opfer, oder es suchte irgendein Suffkopf vor einer Kneipe Streit. Vom Übel, das von oben kommt, wollen wir gar nicht erst sprechen: Hat sich doch der arme Satiriker Juvenal schon darüber beklagt, dass die Inhalte der Nachttöpfe bei Nacht gerne einfach aus den Fenstern geschüttet werden.

Hoch die Tassen!

Gib dir mit diesen Ausdrücken die Kante ...

Combibones, bibamus!
Freunde, hoch die Tassen!

Ạgedum, nosmet proluamus!/Cloacam proluamus!
Auf, jetzt hauen wir uns richtig weg!
Wörtl.: Los, spülen wir uns weg!/Spülen wir den Abfluss aus!

Age, effunde hoc cito in barathrum./Prọpere prọlue cloacam.
Runter mit dem Dreck! Auf ex!

Bene tibi/vobis.
Prost!

Pẹreat qui crạstina curat!
Auf geht's, Leute, so jung kommen wir nicht mehr zusammen!
Wörtl.: Tod dem, der sich über den nächsten Tag Gedanken macht!

Sine Cẹrere et Lịbero friget Venus.
Ohne Bier und Wein läuft nichts in der Liebe.
Ceres ist die Göttin der Feldfrüchte. Als ihr liebstes Geschenk sahen die Römer Brot an; natürlich nur, weil sie Bier noch nicht kannten.

– **Sitit haec anus.** Die Alte hat aber Durst.
– **Quantillum sitit?** Was trinkt sie denn so?
– **Mọdica est, capit quadrantal.**
Wenn sie nen schlechten Tag hat, ein Fass.

Hoc vide ut ingụrgitat in se merum avạriter.
Schau, wie der/die sich den Wein runterkippt.

Inde usque ad diurnam stellam crạstinam potạbimus.
Wir werden heute die ganze Nacht durchsaufen.

Semper eum vides bibentem in popina.
Du siehst ihn immer in irgendeiner Kneipe abhängen.

– **Volo họdie tecum potare!** Ich möchte heute mit dir trinken!
– **Non potabo hercle.** Nein, Mann, ich trink heute nichts.
– **Mihi erit raeda gubernanda.** Ich bin Fahrer/Fahrerin.
– **O te effeminatum!** ♂ Och ... du Loser!
– **Quid eum effeminatum dicis? Bene facit, quod non bibit gubernaturus/a.**
Wieso? Ich finde es sehr vernünftig, dass er nichts trinkt, wenn er fahren muss.

– **Caupo, imple pọculum!** Hey, Ober, noch n Bier!
– **Vin' cervẹsiam?** Willst du Bier?
– **Egone ut cervẹsiam bibam? Affer valịdius ạliquid!** Bier? Sonst noch was? Ich möchte was Härteres!

Solebas suạvius esse in convictu. Nẹscio quid nunc taces nec muttis.
Du warst auch schon mal besser drauf. Was bist du denn so still und sagst nichts?

Non libet họdie crạpulam potare.
Ich hab heute keine Lust, mich zu besaufen.

Non intẹllego quam ob rem vini tu tam parcus/a sis.
Ich kann nicht verstehen, dass du so wenig trinkst.

Facts

Nach dem Abendessen (*cena*) gab's für die diejenigen, die nicht genug bekommen konnten, noch die *comissạtio*, ein systematisches Besäufnis. Die Regeln waren dabei knallhart, es wurde *Graeco more* gebechert: *aut bibat aut ạbeat* (entweder man trinkt oder man geht). Den Teilnehmern wurden Kränze aufgesetzt, es wurde ein *magister bibendi* (Obertrinker) gewählt, der bestimmte, in welchem Verhältnis Wein und Wasser gemischt werden sollten, sprich: Er war Herr über den Alkoholspiegel. Oft wurde reihum getrunken, wobei jeder z. B. so viele Becher trinken musste, wie er Finger an der Hand hatte, oder so viele, wie seine (drei!) Namen Buchstaben hatten.
Für Unterhaltung sorgten Sänger, Tänzer, Schauspieler, Clowns, eine gesellige Würfelrunde oder auch die ein oder andere lustige Anekdote aus der angeheiterten Runde.

Hackedicht

Wenn's doch mal ein paar Tröpfchen zu viel waren ...

Omnes lagoenas exsiccastis!
Ihr habt alle Flaschen ausgesoffen!

Hodie istunc/istanc reddemus madidum/madidam probe.
Den/Die werden wir heute sauber abfüllen.

Papae! Uno potu/uno impetu lagoenam ebibit.
Wow! Der/Die hat die Flasche auf ex runtergekippt.

Mero se usque ad alienationem mentis ingurgitavit.
Er hat sich bewusstlos gesoffen.

Vinosissimus/Vinosissima est.
Er/Sie ist eine richtige Rauschkugel.

Ebrius/Ebria est probe.
Der/Die ist ja ordentlich dicht.

Nonne vides ut madide madeat?
Siehst du nicht, dass er komplett zu ist?

Ten' ebrium/ebriam esse non vides?
Merkst du nicht, dass du betrunken bist?

Tricas narrat, qui dicat heri me vino obrutum/am fuisse.
Wenn jemand sagt, dass ich gestern hacke war, dann erzählt der Scheiß.

Nimius/nimia est in vino.
Er/Sie trinkt ein bisschen zu viel.

Bene nobis est. Utres sumus.
Wir fühlen uns pudelwohl. Wir sind hacke.
Wörtl.: Wir sind Schläuche.

Si quisquis bibit, cetera turba est.
Wenn einer trinkt, ist alles andere egal.

Convịvium in primam lucem protractum est.
Die Party ging bis in die Morgenstunden.

Vacillantes ex vino domum rẹdeunt.
Sie torkeln alle sturzbesoffen nach Hause.

Quis te umquam sọbrium vidit?
Warst du überhaupt schon mal nüchtern?

Solem nec occidentem umquam vidit nec orientem.
Er/Sie ist praktisch dauernd auf Partys und dauernd zu.
Wörtl.: Er/Sie hat die Sonne noch nie auf- oder untergehen sehen.

Für Insider

Römische Räusche im O-Ton ... Hören wir mal rein!

A: **Credo ẹquidem potis esse te, scelus, Mạssici montis ubẹrrumos quạttuor fructus ẹbibere in hora una.**
A: Ich glaube, du Hund, du kannst vom Massikerberg vier ganze fette Ernten in einer Stunde austrinken.

B: **„Hiberna" ạddito.**
B: Genauer: „In einer Winterstunde".

Bei so viel Prahlerei ist klar: Hier war (zu) viel Alkohol im Spiel. Um den Witz zu verstehen, musst du wissen, dass die Römer den Tag von Sonnenaufgang bis Sonnenuntergang in zwölf Stunden eingeteilt haben und somit die Stunden im Winter viel kürzer waren als im Sommer.

Der Tag danach ...

Kopfweh? Kater? So sprichst du darüber:

Fufae! Temetum hercle oles!
Bäh! Du hast aber ne Fahne!

Fufae! Gravis hesterno fragres vino.
Bäh! Du hast vielleicht noch ne Fahne von gestern.

Mecum pergraecatus/pergraecata est.
Er/Sie hat mit mir die Nacht durchgesoffen.

Heri pọculis minus temperavi.
Ich hab gestern etwas zu tief ins Glas geschaut.

Turpịssime perbacchati estis.
Ihr habt es ja übelst getrieben.

Qualis fuit comissạtio?
Wie war die Party?

Nil dụlcius, nil iucụndius! Bibebatur, ludebatur, vomebatur.
Megacool! Wir haben gesoffen, hatten Spaß, und kotzten wie die Weltmeister.

Plus paulo ạdbibit.
Er/Sie hat sich etwas betrunken.

In multum vini procẹssimus omnes.
Wir hatten alle einen ziemlichen Rausch.

Meministine te heri nudum/nudam in mensa saltare coepisse?
Kannst du dich noch daran erinnern, dass du gestern nackt auf dem Tisch getanzt hast?

“
– **Quid me inrides?** Was lachst du so blöd?
– **Cum nudus in convịvio saltares, parentes domum reverterunt.**
Du bist nackt auf dem Tisch herumgetanzt, als seine Eltern nach Hause kamen.
– **Nec verum dicis nec vero sịmile.**
Du erzählst doch absoluten Mist.
”

Tantum vini exhạuseras, ut tibi necesse esset vọmere postrịdie.
Du hattest so einen sitzen, dass du am nächsten Tag kotzen musstest.

Vomens frustis esculentis totum lectum implevit.
Er/Sie hat sein/ihr ganzes Bett vollgekotzt.

Epotavit uno ịmpetu tria cọngia.
Er/Sie hat ein Fass auf ex getrunken.

Oje ... die Bullen

Hoffentlich kommt es nicht so weit, aber sicher ist sicher. Hier die Basics für den Kontakt mit der Staatsgewalt:

Quid pol fạciam, si trẹsviri me in cạrcerem compẹgerint?
Mensch, was mach ich bloß, wenn die Bullen mich jetzt einlochen?

Ducant me in ergạstulum. Nil moror.
Dann sollen sie mich doch einbuchten. Ist mir schnuppe.

Ọmnibus modis ọccidi misera.
Oje, ich bin jetzt so was von erledigt.

Quod si parentes rescịerint me hic potavisse, actum est de me.
Wenn meine Eltern erfahren, dass ich hier gesoffen hab, dann – Kopf ab.

Anguilla est, elạbitur.
Der/Die kommt immer irgendwie raus.
Wörtl.: Er/Sie ist ein Aal, er wird entgleiten.

Ạliquam rẹperis rimam.
Du wirst da schon wieder irgendwie rauskommen.

Quid mi mạnicas inịcitis?
Was legt ihr mir Handschellen an?

Sạtius duco talạria videre.
Ich glaub, es ist besser, wir machen uns aus dem Staub.
Wörtl.: ..., wir schauen nach den Flügelschuhen des Götterboten Merkur.

Facts

In der Antike gab es keine Polizei in der Form, wie wir sie heute kennen. Die „Verbrechensbekämpfung" war bis zu einem gewissen Grade Privatsache: Die Reicheren hatten ihre Sklaven dabei, wenn sie bei Dunkelheit durch die Stadt zogen, die Ärmeren mussten sich auf ihre Fäuste verlassen. Notorisch „heiße" Orte wie z. B. Märkte und Bordelle, wo es öfter mal Ärger gab, wurden auch regelmäßig von bestimmten römischen Beamten, den Ädilen, aufgesucht, die dort nach dem Rechten sahen. Für das Einlochen waren die *trẹsviri capitales*, quasi Hilfsbeamte der Ädilen, zuständig.

Tute hoc intristi, tibi omne exedendum est.
Das hast du dir alles selbst eingebrockt. Jetzt musst du da auch selbst wieder rauskommen.

Quot pọcula ebibisti?
Wie viel hast du getrunken?

Plus aequo/opportuno bibi.
Ich habe ein bisschen zu viel getrunken.

Schall und Rauch

Die richtigen Wörter für Raucher

Fumum herbae cuiusdam hausisti?
Hast du was geraucht?

Nullum nisi tabaci.
Nur Tabak.

Ut verum fạtear, aliquantum marihuanae ...
Naja ... ein bisschen Gras.

Vin' mi dare fịstulam?
Hast du ne Kippe?

Ducisne tabacum?
Rauchst du?

Vẹscitur aura.
Er/Sie raucht wie ein Schlot.
Wörtl.: Er/Sie ernährt sich von Luft.

Sitisne tabacum?
Hast du Lust auf ne Kippe?

Intus tonat mirabịliter.
Das Zeug haut wahnsinnig rein.

Non hoc maior in orbe est tabaci hẹlluo.
Er ist der größte Kippenjunkie der Welt.

13 ENTERTAINMENT

Über Musik, Film und Fernsehen

- Chill und sprich über coole Mucke
- Technik
- Musik selbst gemacht

Musik und so ...

Die absoluten Basics, damit du über Musik mitreden kannst ...

Ex schola cum revertor, quiete modisque mụsicis fruor.
Wenn ich von der Schule komme, dann chill ich erst mal und hör ein wenig Musik.

Cụius gẹneris cantus tibi mạxime placet?
Auf was für Mucke stehst du?

Rebus mụsicis pẹnitus se dedit.
Er ist ein absoluter Musik-Freak.

Cantus ille certus et severus mihi non potest placere.
Ich kann mit E-Musik nicht wirklich was anfangen.

Hụius gẹneris cantus et verbis et modis dịsplicet.
An der Musik gefallen mir weder die Lyrics noch die Melodie.

Tardiores modos audire volo.
Ich möchte jetzt etwas langsamere Musik hören.

Cur non nobis facis modos concitatiores, ad quos lịbeat saltare?
Hättest du nicht etwas flottere Mucke, zu der man tanzen kann?

O cantum delicatum atque mollem!
Das ist doch Musik für Weicheier!

Lautstärken

Die ewige leidige Diskussion: Lauter oder leiser? So kannst du mitreden:

Di te pẹrduint. Potịn ut summittas strẹpitum?
Fuck, Mann. Stell den Krach mal leiser!

Mạximo isto cantu tota vicịnitas pẹrsonat.
In der ganzen Nachbarschaft hört man diesen Krach.

Sụpprime iam cantum!/Compesce cantum!
Schalt sofort deine Musik aus.

Auge cantum.
Stell mal lauter.

Egone ut pạtiar totam domum percrepare?
Den Lärm hört man im ganzen Haus, das pack ich nicht.

Mitte iam obscena cạntica.
Hör doch auf mit deinen schmutzigen Liedern.

Facts

Musik spielte im römischen Alltag eine wahnsinnig wichtige Rolle. Überall wurde gesungen, gespielt und getanzt. Man sang bei Opfern für die Götter, im Krieg wurden die Signale mit Horn und Trompete gegeben, während der Arbeit sang man sich Lieder vor, während eines Triumphzugs verspotteten die Soldaten ihren Feldherrn mit bösen Liedchen. Bei Tisch wurde ebenso geträllert wie auf dem Markt: Dort priesen Verkäufer ihre Waren mit flotten Werbeliedern an, und es versuchten Bettler mit Bettelliedern den Passanten etwas Geld zu entlocken. Wichtig war natürlich auch das Liebeslied: *cạntica gignit amor et amorem cạntica gignunt – Liebe schafft Liebeslieder und Liebeslieder schaffen Liebe*. Das wusste man damals schon.

Do it yourself! Musik selbst gemacht ...

Ist es dir zu öde, nur zuzuhören? Machst du auch selber Musik? Hier findest du das nötige Vokabular:

Scin' ọrgano quodam cạnere?
Spielst du ein Instrument?

Mịnime. Mụsicae omnino rudis sum.
Nein. Ich bin komplett unmusikalisch.

... cano.	Ich spiele ...
Cịthara	Gitarre.
Clavichọrdio	Klavier.
Tuba	Trompete.
Tỵmpanis	Schlagzeug.

Sine magistro aliquạtenus cịthara dịdici cạnere.
Ich habe mir selbst ein bisschen Gitarre beigebracht.

Film und Fernsehen

Alte Wörter für moderne Unterhaltung:

Quod spectạculi genus spectas?
Was schaust du denn so?

Mạxime delector	Ich sehe mir am liebsten ... an.
comoẹdiis	Komödien
tragoẹdiis	Tragödien
certamịnibus	Sportübertragungen
nugis	Comedy
scelẹribus	Krimis

Ọfferunt lepidịssima spectạcula.
Da laufen immer die tollsten Sachen.

Vidi spectạculum quoddam de Elvis vita.
Ich hab eine Sendung über Elvis gesehen.

Fuit ...	Sie war ...
iucundịssimum.	super.
facetum.	ganz lustig.
taediosịssimum.	megalangweilig.
pẹssimum.	sehr schlecht.

14 Der ERNST des LEBENS: SCHULE

Es folgt ein trauriges Kapitel ... Schule. Versüße dir den tristen Alltag und lerne

- wie du dich für nicht gemachte Hausaufgaben entschuldigst
- wie du dich im Unterricht auf Lateinisch durchschlägst

Hausaufgaben

Die richtigen Ausreden, wenn du's mal wieder verschwitzt hast

Sanusne est iste?/Sanane est ista? Quot quantạque pensa dat!
Der spinnt doch! Was gibt uns der so viel auf?

Contexuịstine commentarịolum?
Hast du den Aufsatz geschrieben?

Conscripsi, et belle quidem.
Natürlich, und gar nicht mal so schlecht.

Ạpage te cum pensis. Nolo in id genus nugis tempus pẹrdere.
Hör mir doch auf mit Hausaufgaben. Ich möchte mit solchem Schwachsinn nicht meine Zeit verschwenden.

De quo commentarịolo lọqueris? Omnino oblitus sum.
Was? Mist, die hab ich komplett vergessen.

Jetzt solltest du kreativ werden ...

Feles dịscidit pugillares, in quibus commentarịolum scrịpseram.
Meine Katze hat das Heft zerrissen, in das ich meinen Aufsatz geschrieben hatte.

Heri natalis dies erat ạviae meae, apud quam totum diem contrivi. Ịdeo commentarịolum conscrịbere non pọtui.
Gestern hatte meine Oma Geburtstag, und ich war den ganzen Tag bei ihr. Deshalb konnte ich den Aufsatz nicht schreiben.

... oder du bist einfach nur ehrlich:

Vẹniam peto, magister/magistra, qui/quae commentarịolum conscrịbere oblitus sim.
Ich möchte mich entschuldigen. Ich hab vergessen, den Aufsatz zu schreiben.

Unterrichtsgeschehen

Schwätzen, Ermahnungen & Co.

Vos, qui estis in cạvea ụltima, quid mussitatis?
Ihr auf den billigen Plätzen, was gibt's?

In occipịtio hercle quoque ọculos habet.
Der/Die sieht ja wirklich alles.
Worst case: Lehrer, die auch hinten Augen haben!

Libentịssime sermụnculos cum prọximis sero.
Ich plaudere wahnsinnig gern mit meinen Nachbarn.

– **Nihil iam intẹllego. Ẹxplica, quaeso, quid hoc sibi velit.**
Ich verstehe nur noch Bahnhof. Kannst du mir das mal erklären?
– **Ạsine, tardịssimo es ingẹnio. Facịllimum est ... ạgedum, monstrabo tibi qui fịeri possit.**
Du checkst doch gar nichts! Das ist doch kinderleicht ... komm, ich zeig dir kurz, wie's geht.

– **Scin' de qua re agatur?**
Weißt du, worum es gerade geht?
– **Mịnime.** Nee, kein Plan.

– **Insulsas hasce res vix fero.**
Ich kann mir dieses dämliche Zeug nicht mehr anhören.
– **Haec hora tam longa est, ut si dimidiatus sit dies.**
Diese Stunde ist fast so lang wie ein halber Tag.
– **Mihi paene annus videtur.**
Mir kommt sie vor wie ein Jahr.

Fạtuus est, stertit noctes et dies.
Der Blödmann ist so eine Schnarchnase.

Vidẹn' ut blandiatur ac assentiatur?
Schau mal, wie der/die schleimt.

> – **Alexi, quid facis?** Alex, was treibst du da?
> – **Nihil.** Nichts.
> – **Ẹxhibe chartam. Ostende sine mora.**
> Hol den Zettel raus. Zeig sofort her.

> – **Tune ediscenda edidicisti?**
> Hast du das, was wir lernen mussten, gelernt?
> – **Mịnime gẹntium ... Pẹrii, hercle, mihi erit recitanda lẹctio hesterna.**
> Nein, Mann. Verdammt, ich bin im Arsch. Ich werde ausgefragt.
> – **Sụggeram tibi.** Ich werde dir einsagen.
> – **Eụge, amice facis.** Cool, danke.

Rügen und Befehle

Wenn der Lehrer befiehlt, schimpft und tobt ...

Prọspice rebus tuis: nam ạcriter ulciscar te, si vel semel ạmplius suggerentem conspẹxero.
Pass bloß auf: Wenn ich dich noch einmal beim Einsagen erwische, dann werde ich dir mal richtig zeigen, wo's langgeht.

Contende quaeso atque elạbora, ut quam primum memọriae mandes vocạbula.
Ich bitte dich, du musst dich jetzt wirlich anstrengen und schleunigst die Vokabeln lernen.

Asinum citius saltationem Pyrrhicam docuissem, quam stipitem istum litteras.
Da lernt ja ein Esel eher das Tanzen als dieser Dödel das Lesen.

Stephane, animo et cogitatione alibi commorare.
Stefan, du bist wieder ganz woanders.

Solis corporibus praesentes estis.
Ihr seid alle nur physisch anwesend.

Tu, Alexi, omnium turbulentissimus atque segnissimus es.
Du, Alex, bist der allergrößte Umtreiber und Faulpelz.

Nemo dicet nisi is, qui manum sustulerit et dicere iussus erit.
Es spricht nur der, der aufgezeigt hat und aufgerufen wurde.

Recita carmen distincte, clara voce.
Trag das Gedicht laut und deutlich vor.

Altiore voce, ut omnes exaudiant.
Lauter, damit alle es hören.

Ausreden

So drückst du dich, wenn's nötig ist!

Prohibeor, quominus in corporis exercitationibus intersim, cum ...
Ich kann leider nicht am Sportunterricht teilnehmen, da ich ...

sim in menstruis.	meine Tage habe.
sit luxatus pes.	mir den Fuß verstaucht habe.
ex frigore morbo implicitus/implicita sim.	eine Erkältung habe.

> – **Caput dolet. Licetne foras ire?**
> Dürfte ich bitte rausgehen, ich hab Kopfweh.
> – **Desine iam aegrum/aegram simulare! Minime aeger/aegra videris!**
> Hör auf zu simulieren! Du siehst gar nicht krank aus.

Vom Stundenplan

Was hast du und wo gehst du auch wirklich hin?

Quam scholam audiemus?
Was haben wir denn jetzt?

Scholam ...	Wir haben ...
Gallicam.	Französisch.
Anglicam.	Englisch.
Germanicam.	Deutsch.
mathematices.	Mathe.
physices.	Physik.
de biologia.	Bio.
de chimicis.	Chemie.
de rebus gestis.	Geschichte.
de moribus.	Ethik.

Bene habet ... dummodo ne Gallicam.
Naja ... wenigstens nicht Franze.

Utinam non recitetur schola mathematices.
Hoffentlich fällt heute Mathe aus.

Mathematices scholam non obibo.
Ich glaub, Mathe schwänze ich heute.

Prüfungsangst?

Wie war das Examen?

Quọmodo tu te ad horrịbile examen paras?
Wie bereitest du dich auf diese schreckliche Prüfung vor?

Vẹreor, ne pẹssime res mihi succedat.
Ich fürchte, die Sache geht nicht gut.

– **Satịn' prọspere res tibi successit?**
Wie ist's dir gegangen?
– **Optime./Mediọcriter./Pẹssime.** Super./Naja./Scheiße.
– **Haudquaquam ex sentẹntia.**
Nicht so, wie ich es mir vorgestellt hab.

– **Quam notam ascripsit praeceptor/praeceptrix?**
Was hat er/sie dir für eine Note gegeben?
– **Unionem.** Eine Eins.
– **Binionem.** Eine Zwei.
– **Trinionem.** Eine Drei.
– **Quaternionem.** Eine Vier.
– **Quinionem.** Eine Fünf.
– **Senionem.** Eine Sechs.

Tu mihi stụdio atque obsẹquio ọdio es maximọpere.
Du verdammter Streber!/Du verdammte Streberin!

Papae! Bombax!
Hört, hört, Respekt!

Inịquum est. Studiose ọperam dedisti.
Der ist aber fies. Du hast doch so viel gelernt.

Probo magistri aestimationem. Opọrtuit maiorem ọperam dare.
Ich find die Note schon o.k. Ich hätte einfach mehr tun sollen.

Facts

Der Dichter Horaz erwähnt einmal, dass Lehrer die Schüler mit Kekschen dazu bringen wollten, das Alphabet zu lernen. Da könnten Schülerinnen und Schüler der heutigen Zeit ja fast neidisch werden ... doch nur fast! Denn nicht selten folgte auf das Zuckerbrot die Peitsche, besser gesagt auf den Keks die Rute. Die Lehrer sollen in aller Frühe schon so laut getobt haben, dass für die gesamte Nachbarschaft an Schlaf nicht mehr zu denken war.
In den „Genuss" von Elementarunterricht (Lesen, Schreiben und Rechnen) kamen, obwohl keine Schulpflicht bestand und die Eltern für den Unterricht ihrer Kinder zahlen mussten, wohl die meisten Jungen und Mädchen der damaligen Zeit. Nach den vier Jahren „Grundschule" konnte der Großteil der Schüler kaum mehr als addieren und subtrahieren, ein bisschen lesen und ein wenig schreiben. Der Unterricht selbst muss unglaublich langweilig gewesen sein: Es gab keine Schulbücher, der Lehrer diktierte und die Schüler lernten auswendig.
Während für die Mädchen und die ärmeren Jungen die Schulbildung mit der Grundschule (d. h. mit ca. 12 Jahren) endete, konnten die Jungen aus reicheren Familien beim *grammạticus* Unterricht nehmen. Dort lernten sie die lateinische und griechische Literatur kennen, Texte zu lesen und zu verstehen. Die ganz Fleißigen und Ehrgeizigen, die vorhatten, als Anwalt oder Politiker groß Karriere zu machen, konnten nach den vier Jahren beim *grammạticus* noch eine Rhetorikausbildung bei einem *rhetor* durchlaufen.

Studium und Arbeit

Und nach der Schule?

Quibus disciplinis ọperam dare vis?
Was möchtest du mal studieren?

Nẹscio hercle.
Keinen Plan, du.

... studebo/operam dabo.	Ich werde ... studieren.
Rebus oeconomicis	Wirtschaft
Iuri	Jura
Medicinae	Medizin
Rebus machinariis	Maschinenbau
Litteris Italicis/ Gallicis/Latinis	Italienisch/ Französisch/Latein.

Iucundissimum hoc mihi videtur esse.
Das hört sich ja wahnsinnig interessant an.

Nonne haec insulsa quaedam res est?
Ist das nicht etwas öde?